이 책에는 오랫동안 리더십을 연구한 제게도 생수처럼 다가오는 리더십의 핵심과 진심으로 나누고 싶은 리더십의 가치가 잘 담겨 있습니다! 그토록 중요한 핵심만을 정확하게 포착해 낸 존 스토트의 능력이 무척 놀랍습니다. 리더들이여, 이 책을 꼭꼭 씹어 드십시오. 현대 복음주의에 한 획을 그은 석학 존 스토트에게 리더십 강의를 직접 듣는 듯한 생동감을 느낄 것입니다. 리더가 중심에 새겨야 할 기본기와 리더의 고민에 대한 명쾌한 해답이 부드럽고도 강력하게 각인되어 심장을 고동치게 합니다. 이 책에 녹아든 리더십의 진수를 맛보십시오!

진재혁
지구촌교회 담임목사, 『세상 중심에 서는 영성』 저자

이 책의 목차를 보자마자 마음이 설레었습니다. 단출한 조언들처럼 보이지만, 사실 누군가를 이끌거나 섬긴 적이 있다면 누구나 목말라하는 요점이 잘 정리되어 있기 때문입니다. 이 책에는 화려하고 다양한 수십 가지 목차를 지닌 경영 전략서들을 무색하게 만드는 핵심적인 원리가 담겨 있습니다. 무엇보다 영적 생기를 회복하기 위해서는 도리어 몸의 휴식을 훈련하라는 권면, 주님의 권위로 행하지만 또 주님을 대하듯 행하라는 가르침은 무릎을 치게 하는 역설적 진리였습니다. 마침 한 해의 절반을 보내고 잠시 삶을 돌아보는 하루 동안 만난 이 책이, 바로 그런 고요한 날이 제게 필요하다고 말해 주어서 안심이 되었습니다. 저는 늘 스토트의 책을 통해 또 다른 회심을 경험합니다. 그리고 은밀하고 친밀한 인격적 격려를 받습니다. 아마 다른 독자들에게도 다르지 않을 것입니다.

황병구
공익경영 컨설턴트, 한빛누리재단 본부장, 『관계중심 시간경영』 저자 존 스토트의 이 짧지만 설득력 있는 책을 읽으면서 1985년 에콰도르 키토에서 그의 강의를 들을 때 받은 충격이 떠올랐습니다. 그 강의들은 제 인생의 중요한 시점에 깊은 감동으로 다가왔습니다. 당시 우리 남미 복음주의 학생 사역은 리더십이 바뀌는 큰 변화를 겪고 있었지요. 1959년 케임브리지에서 존 스토트를 만난 이래로, 그는 진정 성경적인 리더십의 본이 되어 주었습니다. 제가 알기로는 똑같은 경험을 한 이들이 전 세계에 수백 명이나 됩니다. 이 책에는 성경 강해, 개인적 경험, 매력 있는 일화들이 제시되어 있습니다. 그 안에 담긴 원리들을 보면 존 스토트가 세계 복음주의권에서 리더 역할을 할 수 있었던 이유를 알 수 있습니다. 분명하고 매력적인 서술 방식 덕분에 술술 읽히지만 항상 돌이켜 성찰하게 해 줍니다.

사무엘 에스코바
전 국제복음주의학생회(IFES) 총재, 『벽을 넘어 열방으로』 저자

존 스토트는 배우기를 그치지 않는 리더였습니다. 하나님 앞에서, 성경 앞에서, 친구들 앞에서, 그리고 원수들 앞에서도 유지한 겸손한 자세는 참으로 놀랍습니다. 이 일련의 강의에는 그 정신이 명쾌하고도 정감 있게 담겨 있습니다. 겸손한 용기를 추구하는 리더들은 자신이 따르는 주님의 영광을 위해 살았던 사람의 이 증언에서 그것을 맛볼 것입니다.

마크 래버튼
풀러 신학교 총장, 『제일 소명』 저자

오랜 세월 읽은 리더십 책들 중에서 가장 큰 격려를 얻은 책입니다! 명료하지만 평면적이지 않고, 신학적이지만 난해하지 않고, 다가가기 쉽지만 피상적이지 않으며, 커다란 영감을 주지만 조작적이지 않은 책으로 마치 깊은 숲속의 신선한 공기처럼 다가옵니다.

루스 헤일리 바턴

트랜스포밍 센터 대표, 『영혼의 리더십』 저자

1985년에 했던 강의를 모아 놓은 이 놀라운 책을 통해, 존 스토트는 여전히 긍휼의 마음과 개인적인 경험과 성경적인 깊이로 우리에게 목회자 역할을 하고 있습니다. 리더십의 네 가지 문제는 시대를 초월하는 것이며 오늘날에도 적실합니다. 이는 오늘날도 영적인 리더들이 계속 맞닥뜨리는 도전들입니다. 이 책을 읽으십시오. 그러면 목자의 어루만짐과 사람들을 감화시키며 섬기는 리더의 지혜를 경험할 수 있을 것입니다.

메리 케이트 모스

조지폭스 신학교 교목·교수

리더가 리더에게

IVP(InterVarsity Press)는
캠퍼스와 세상 속의 하나님 나라 운동을 지향하는
IVF(InterVarsity Christian Fellowship)의 출판부로
생각하는 그리스도인을 위한 문서 운동을 실천합니다.

Problems of Christian Leadership
Copyright © 2014 by John Stott Literary Executors
Translated and printed by permission of InterVarsity Press
P. O. Box 1400, Downers Grove, IL 60515, USA
All rights reserved.

Korean Edition © 2016 Korea InterVarsity Press
156-10 Donggyo-Ro, Mapo-Gu, Seoul 04031, Korea

리더가 리더에게

탁월한 지도력을 위한 4가지 핵심 원리

존 스토트

김명희 옮김

IVP

차례

서문: 아지드 페르난도　11
머리말　13

1. 낙심 극복: 압박을 견뎌 내는 법　17
2. 자기 훈련: 영적 생기를 유지하는 법　35
3. 관계: 사람들을 존중하는 법　57
4. 권위: 젊은 나이에 리더가 되는 법　79
5. 두 명의 디모데: 마크 래버튼과 코리 위드머　95

부록: 존 스토트의 사역, 리더십, 섬김　113

서문

저는 청년 시절, 존 스토트의 삶과 글을 통해 리더가 어떻게 살아야 하는지 많은 것을 배웠습니다. 사역을 한 지 거의 40년이 지났지만, 놀랍게도 저는 여전히 그 가르침을 대부분 활용하고 있습니다. 이 책에는 성경적인 리더가 되려는 젊은 그리스도인 리더에게 필요한 가르침이 가득 담겨 있습니다.

저는 경건한 독서의 일환으로 이 책을 천천히 읽었습니다. 이 책을 읽으며 하나님이 가르쳐 주신 것들로 인해 제 마음이 활활 타올랐는데, 이런 경험은 참 드뭅니다. 저는 종종 읽기를 멈추고 기도해야 했습니다. 이 책은 그리스도에 대해, 사람들에 대해, 개인적 훈련을 비롯하여 훌륭한 리더가 되게 하는 여러 다른 것에 대해 헌신하도록 리더들을 도전합니다. 공동체를 효과적으로 인도할 수 있는 지혜도 많이 담겨 있습니다.

이토록 유용한 책이, 여기에 담긴 메시지가 처음 선포된 지 이렇게 한참 후에야 출판된다는 사실에 깜짝 놀랐습니다. 그러나 흔히 말하듯, 늦더라도 하지 않는 것보다는 나을 것입니다.

아지드 페르난도

십대선교회(Youth for Christ) 교육총무

『예수님이 이끄시는 사역』『진정한 종』 저자

머리말

이 책은 1985년 에콰도르 키토에서 열린 국제복음주의기독학생회(IFES) 남미 지역 간사 수련회에서 존 스토트가 했던 네 번의 강연을 기반으로 하고 있습니다. 이 강의안은 먼저 '리더십의 도전'(*Desafíos del Liderazgo Cristiano*, Ediciones Certeza)이라는 제목으로 스페인어로 출간되었지만, 영어로 출판된 적은 없었습니다.

그러다 더그 스튜어트를 통해 이 강의안에 관심을 갖게 되었습니다. 더그는 1964년부터 1991년까지 볼리비아, 아르헨티나, 멕시코에서 IFES 간사였으며 지금은 IFES 부대표입니다. 그는 1985년 키토 수련회에서 존 스토트의 통역으로 섬겼는데, 최근에 우연히 그 번역본을 발견해서 우리가 출판하도록 제공해 주었습니다. 그래서 기쁘게도 시대를 초월한 이 보물이 출간될 수 있었습니다.

존 스토트는 다음과 같은 다소 개인적인 이야기로 연속 강연을 시작했습니다.

여러분과 함께 네 번의 오후 시간을 보내는 것은 제게 엄청난 특권입니다. 제가 IFES에 얼마나 깊이 헌신했는지에 대한 이야기로 시작하고 싶습니다. 저는 45년 전 케임브리지 대학교 학생이었을 때부터 이 단체에 참여하기 시작했습니다. 당시에는 CICCU로 불렸고 지금은 보통 기독교 연합(Christian Union)으로 알려진 단체에 들어간 것입니다.

그 후 1952년부터 1977년까지 25년 동안 유럽과 북미, 아프리카, 아시아, 호주 등 세계 각국에서 대학생 선교를 주도하는 기쁨을 누렸습니다. 세계 여러 지역의 수많은 학생 수련회에서 자주 말씀을 전하기도 했기에 IFES를 가까이에서 살펴볼 놀라운 기회를 얻었습니다. 진심으로 저는 그로 인해 하나님께 깊이 감사드립니다. 지역 토착화 운동, 학생 자발성, 생각하는 복음주의, 성숙한 제자도라는 그 운동의 운영 원리에 감사하고 있습니다. 또 하나님이 그 운동에 참여하는 간사와 학생 모두에게 주신 훌륭한 리더십에도 감사드립니다. 제가 이번 주에 기쁜 마음으로 만나는 여러분들께도 마찬가지입니다. 그래서 네 번의 오후 시간을 여러분과 함께 보내는 이런 기회를 주셔서 감사를 드립니다.

저는 성경 말씀과 경험을 바탕으로 나누되, 다소 허물없이 편안하게 이야기해 달라는 요청을 받았습니다. 그래서 '그리스도인 리더들이 맞닥뜨리는 문제들'이라는 대주제 아래에서 제가 고른 네 가지 소주제를 이야기하려 합니다. 첫 번째는 낙심 극복의 문제, 즉 압박감을 견뎌 내는 법입니다. 두 번째는 자기 훈련의 문제, 즉 영적인 생기를 유지하는 법입니다. 세 번째는 관계의 문제, 즉 사람들을 존중하는 법입니다. 네 번째는 권위의 문제, 즉 젊은 나이에 리더가 되는 법입니다.

1 / 낙심 극복

압박감을
견뎌 내는 법

사람들의 마음을 가린 수건은 아주 두껍고 우리 몸은 아주 허약합니다.
그러나 하나님의 능력은 그 수건을 뚫거나 몸을 지탱하는 데 충분하기에
'우크 엔카쿠멘', 우리는 낙심하지 않습니다.

그리스도인 리더들이 받게 되는 압박감은 극심하고 보통 수그러들 줄 모릅니다. 몇 가지 예를 생각해 봅시다. 우리는 바쁘고 피곤합니다. 휴가는 말할 것도 없고 가족들을 위해서도 충분한 시간을 내지 못합니다. 인정받는 리더들이 느끼는 책임감도 있습니다. 누군가 사역을 비판할 때는 그 비판의 화살을 견디고 힘겨운 결단을 내리는 책임을 감당해야 합니다.

사역에 대한 실망도 있습니다. 촉망받는 리더들도 때로는 기대에 부응하지 못합니다. 그럴 때면 어떤 리더들은 사라져 버리기도 합니다. 전도유망한 사역들이 수치로든 전망에 있어서든 쇠퇴하기 시작하면 리더는 크게 실망합니다. 게다가 마귀는 모든 리더들을 개인적인 유혹으로 공격합니다. 맨 윗자리에서 겪는 외로움도 있습니다. 우리는 속내를

털어놓을 동료가 없을지도 모릅니다.

이 모든 문제로 인해 우리는 낙심할 수 있습니다. 사실 낙심이야말로 사역에서 가장 위험한 문제입니다. 낙심은 비전과 열정을 빼앗아 가기 때문입니다. 따라서 우리가 던져야 할 질문은 어떻게 이 압박감을 견뎌 내느냐 하는 것입니다.

함께 고린도후서 4장을 보면 좋겠습니다. 잠깐 헬라어 강의를 하는 것을 양해해 주셨으면 합니다. 1절은 이렇게 되어 있습니다. "그러므로 우리가 이 직분을 받아 긍휼하심을 입은 대로 낙심하지 아니하고." 그런 다음 16절에서는 이렇게 말합니다. "그러므로 우리가 낙심하지 아니하노니 우리의 겉사람은 낡아지나 우리의 속사람은 날로 새로워지도다."

이 두 절에서 반복되는 어구를 주목해 보십시오. 그것은 '우크 엑카쿠멘'(*ouk ekkakoumen*)입니다. 1절과 16절에 모두 나오는 헬라어 어구입니다. 대부분의 번역에는 "우리는 낙심하지 않습니다"라고 되어 있습니다. 어떤 번역에는 "우리는 의기소침해지지 않습니다", 또 다른 번역에는 "그 무엇도 우리를 괴롭힐 수 없습니다"라고 되어 있습니다. 5장에도 유사한 표현이 나오는 것에 주의를 기울이시기를 바랍니다. 6절에는 "그러므로 우리가 항상 담대하여"라고 되어 있고, 다시 8절에도 "우리가 담대하여 원하는 바는"이라고 되어 있습니다. 이는 충분한 용기를 얻었다는 의미입니다.

아마 여러분은 고린도후서의 이 부분들을 잘 아실 것입니다. 바울은 3장에서 기독교 사역의 영광스러움을 표명하지만, 4장에서는 기독교 사역의 문제들을 보여 줍니다. 바울의 주장은 이러합니다. 그 사역의 영광스러움 때문에, 문제가 있음에도 불구하고 '우크 엑카쿠멘', 우리는 낙심하지 않습니다.

두 가지 문제: 수건과 몸

우리가 다루어야 할 두 가지 질문이 있습니다. 먼저, 바울은 어떤 문제들로 낙심의 유혹을 받았을까요? 그리고 그는 그 문제들에 대해 어떤 해결책 또는 해독제를 찾았을까요? 이 장에서는 낙심을 유발하는 두 가지 문제를 살펴보겠습니다. 첫 번째는 우리가 사역하는 대상 안에 있는 외적이고 객관적인 문제이고 두 번째는 우리 안에 있는 내적이고 주관적인 문제입니다.

첫 번째 문제는 그가 수건(veiling)이라 부르는 '칼뤼마'(kalyma)입니다. 이는 믿지 않는 이들의 마음을 덮은 수건으로, 이로 인해 그들은 복음의 진리를 보지 못합니다. 두 번째 문제는 '소마'(soma), 즉 몸입니다. 이는 우리의 몸, 복음이라는 보배가 담겨 있지만 허약하고 깨지기 쉬운 인간 질그릇입니다.

첫 번째 문제는 **영적인** 것으로, 우리의 선포를 듣는 이들의 눈먼 상태입니다. 두 번째 문제는 **육체적인** 것으로, 우리의 개인적인 약함과 죽을 수밖에 없는 몸입니다. 허약한 설교자와 눈먼 회중, 정말로 난감한 문제입니다. 이 두 가지 문제보다 더 낙심을 일으키는 것은 없다고 생각합니다.

수건은 어디에 있습니까? 고린도후서 3장 12절을 보십시오. "우리가 이 같은 소망이 있으므로 담대히 말하노니 우리는 모세가…수건을 그 얼굴에 쓴 것같이 아니하노라." 다시 말해, 우리가 사람들의 마음에 수건을 덮은 것이 아니라는 뜻입니다. 그와 반대로 우리는 진리를 아주 담대하게 선포하고 선명하게 제시합니다. 그러므로 이렇게 인간이 눈먼 것은 마귀 때문입니다. 마귀는 유대인과 이방인 모두에게 영향을 미칩니다. 고린도후서 3장 14절을 보십시오.

중간쯤에 이렇게 나와 있습니다. "오늘까지도 구약을 읽을 때에 그 수건이 벗겨지지 아니하고 있으니." 다시 15절에는 "오늘까지 모세의 글을 읽을 때에 수건이 그 마음을 덮었도다"라고 되어 있습니다. 바울은 강조하기 위해 이 말을 두 번 했습니다. 유대인들의 마음에 수건이 덮여 있습니다. 이어서 바울은 이방인들도 마찬가지라고 이야기합니다. 고린도후서 4장 4절에서는 이렇게 말합니다. "이 세상의 신이 믿지 아니하는 자들의 마음을 혼미하게 하여."

이제 함께 생각해 봅시다. 바로 이것이 우리에게 중요한 문제가 아닙니까? 우리는 복음을 명명백백하게 제시하지만 사람들은 받아들이지 못합니다. 우리는 복음을 아주 단순하게 풀어서 아이들도 이해할 수 있으리라 생각하지만, 사람들은 이해하지 못합니다. 우리는 복음을 설명하고 논증하며 사람들이 이 정도면 굴복하리라 싶을 때까지 간청하지만, 어떤 수건이 그들의 마음을 가리고 있습니다. 그리스도인 사역자에게 이보다 더 낙심되는 일이 있을까 싶습니다. 우리는 이로 인해 극심한 좌절에 이를 수 있습니다. 이렇듯 첫 번째 문제는 수건이며, 이에 대해서는 잠시 후 해결책을 생각해 보겠습니다. 그리고 두 번째 문제는 몸입니다.

바울은 고린도후서 4장 7-18절에서 몸에 대해 씁니다. 7절은 "우리가 이 보배를 질그릇에 가졌으니"라고 말합니다. 다시 말해, 옛날식 등잔처럼 그리스도인 사역자의 경우에도 보물과 그 보물을 담은 그릇이 대조된다는 것입니다. 바울은 분명 복음을 담고 있는 우리의 연약한 몸을 가리키고 있습니다. 인간의 몸에는 '취급 주의: 깨지기 쉬움'이라는 말을 써 붙여야 할 것입니다. 8절과 9절에 분명히 드러나듯 직접적으로 언급하는 것은 그가 받은 박해이지만, 다른 문맥에서 그는 이 약함을 언급합니다. 고린도전서 2장 3절에서 바울은 이렇게 말합니다. "내가 너희 가운데 거할 때에 약하고 두려워하고 심히 떨었노라." 여기서의 약함은 육체적이기보다는 심리적인 듯 보입니다. 복음을 들고 고린도로 갔을 때 그에게는 타고난 소심함이 있었습니다. 그리고 고린도후서 12장 7절에서 세 번째 예로 '육체의 가시'가 언급됩니다. "[여러 계시를 받은 것이 지극히 크므로] 너무 자만하지 않게 하시려고 내 육체에 가시, 곧 사탄의 사자를 주셨으니…[예수께서] 내게 이르시기를 내 은혜가 네게 족하도다. 이는 내 능력이 약한 데서 온전하여짐이라 하신지라."

바울이 10절에서 계속해서 약함, 능욕, 궁핍, 박해, 곤고를 언급하는 것을 보면, 이는 다시 육체적 결함인 듯합니다. 일종의 질병 혹은 장애일 수도 있습니다. 아마 이 목록에 우리의 약한 부분을 더할 수 있을 것입니다. 내성적인 사람이 지닌 수줍음이거나 우울함에 빠지기 쉬운 성향이거나 두통일 수 있겠지요. 이 모든 것이 인간의 몸이 지니는 약함의 예들입니다. 복음이라는 보물이 담긴 그릇은 이토록 약합니다.

우리 스스로는 다룰 수 없는 두 가지 중요한 문제가 여기 있습니다. 우리는 수건을 걷어 낼 수 없으며 믿지 않는 이들의 눈먼 상태를 고칠 수 없습니다. 또 우리 마음과 몸의 약함을 극복할 수 없습니다. 그러나 정말 극복할 수 없어 보이는 문제들에도 불구하고 바울은 '우크 엔카쿠멘'이라고 말합니다. 우리는 낙심하지 않습니다. 그렇다면 이러한 문제들에 맞닥뜨릴 때 우리는 어떻게 이 낙심을 극복할 수 있을까요?

낙심에 대한 해독제

이제 낙심의 문제에서 낙심에 대한 해독제로 넘어가 봅시다. 우리는 여기서 단수형으로 '해독제'라 말해야 합니다.

문제는 둘이지만 해결책은 하나이기 때문입니다. 그것은 바로 하나님의 능력입니다. 다시 수건과 몸을 살펴봅시다.

첫 번째는 수건입니다. 사람들이 복음에 반응하려 하지 않을 때 우리는 무엇을 합니까? 어떤 유혹이 있는지 여러분은 잘 아실 것입니다. 우리는 그들이 복음에 반응하도록 강요하고 싶어집니다. 또 감정적·심리적 기술들에 의존하여 사람들을 믿도록 조종하거나, 믿기 쉽게 복음을 조작하려는 유혹을 받습니다.

사람들이 믿지 않을 때 이런 식으로 조작하려는 유혹은 아주 강렬하지만 바울은 그 유혹을 단호히 물리칩니다. 고린도후서 4장 2절에서는 이렇게 말합니다. "이에 숨은 부끄러움의 일을 버리고 속임으로 행하지 아니하며 하나님의 말씀을 혼잡하게 하지 아니하고 오직 진리를 나타냄으로 하나님 앞에서 각 사람의 양심에 대하여 스스로 추천하노라." 조작하기보다는 복음을 선명하게 선포하십시오.

이제 고린도후서 4장 4절, 6절을 읽어 보십시오. "이 세상의 신이 믿지 아니하는 자들의 마음을 혼미하게 하여 그리스도의 영광의 복음의 광채가 미치지 못하게 함이니 그리스도는 하나님의 형상이니라." "어두운 데서 빛이 비치라 말씀하셨던 그 하나님께서 예수 그리스도의 얼굴에 있는 하나님의 영광을 아는 빛을 우리 마음에 비추셨느니라." 이는 우리가 알아야 할 아주 중요한 구절이라 생각합니다. 6절에서 바울은 창세기 1장 2-3절을 떠올립니다. 그는 회개하지 않는 마음을 태초의 혼돈 상태에 비유합니다. 하나님이 "빛이 있으라" 말씀하셔서 빛이 어둠을 비추기 전에 모든 것이 형체도 없고 공허하고 어둡던 그때 말입니다. 바울이 거듭남을 생각하며 떠올리는 이미지는 다메섹으로 가던 길에 그에게 일어났던 일입니다. 창세기에서 "빛이 있으라"고 말씀하셨던 하나님이 우리 마음에 빛을 비추어 주십니다. 이렇듯 거듭남은 다름 아닌 하나님의 새로운 창조이며 하나님이 "빛이 있으라"고 말씀하시기 전에는 일어나지 않습니다.

여기서 우리는 서로 싸우는 두 신을 만납니다. 4절에서 사탄은 "이 세상의 신"이라 불리고, 6절에서 바울은 창조의 하나님을 말합니다. 이 세상의 신은 사람들의 눈과 마음을 혼미하게 하는 반면, 창조의 하나님은 사람들의 마음에 빛을 비추십니다. 두 신은 전적으로 완벽하게 대조됩니다. 한 신은 혼미하게 하고, 다른 신은 빛을 비춥니다. 그렇다면 우리는 이러한 싸움에 어떻게 기여할 수 있을까요? 아마도 그 싸움의 현장에서 물러나는 것이 겸손하고 지혜로운 행동 아닐까요? 이 두 신이 싸워 결판을 내도록 해야 하지 않을까요?

그러나 바울의 결론은 다릅니다. 고린도후서 4장 5절을 보십시오. "우리는 우리를 전파하는 것이 아니라 오직 그리스도 예수의 주 되신 것과 또 예수를 위하여 우리가 너희의 종 된 것을 전파함이라." 하나님과 마귀의 전쟁은 빛에 관련된 것입니다. 마귀는 빛이 비치지 않게 하려 하지만 하나님이 빛이 비치도록 하신다면, 이 빛은 무엇일까요? 그것이 복음임을 인지하는 것이 중요합니다. "그리스도의 영광의 복음의 광채…그리스도는 하나님의 형상이니라"고 하는 4절 끝부분과 "하나님의 영광을 아는"이라는 6절 끝부분을 보십시오. 그렇다면 복음이 빛입니다. 복음은 하나님이 어둠을 이기시고 사람들의 마음에 빛을 비추시는 수단입니다.

이렇듯 복음이 빛이라면 우리는 복음을 선포해야 합니다. 복음 전도가 필요 없기는커녕 절대 없어서는 안 됩니다. 복음 선포는 어둠의 군주를 타도하고 사람들의 마음에 빛을 비추시기 위해 하나님이 정하신 수단입니다. 그러므로 '우크 엔카쿠멘', 우리는 낙심하지 않습니다. 수건이 사람들의 마음을 가리고 있습니다. 우리 힘으로는 그것을 뚫을 수 없지만, 복음이 선포될 때 하나님의 능력으로 뚫어낼 수 있습니다.

약함 가운데 임하는 하나님의 능력

이제 마지막 논지, 즉 두 번째 문제인 몸으로 넘어가 보겠습니다. 우리가 앞서 보았던 고린도전후서의 세 구절을 봅시다. 먼저 고린도후서 4장 7절입니다. "우리가 이 보배를 질그릇에 가졌으니 이는 심히 큰 능력은 하나님께 있고 우리에게 있지 아니함을 알게 하려 함이라." 여기서 '하려 함'이라는 표현에 주목하십시오.

둘째로 고린도전서 2장 3-5절로 돌아가 보겠습니다. "내가 너희 가운데 거할 때에 약하고 두려워하고 심히 떨었노라. 내 말과 내 전도함이 설득력 있는 지혜의 말로 하지 아니하고 다만 성령의 나타나심과 능력으로 하여 너희 믿음이 사람의 지혜에 있지 아니하고 하나님의 능력에 있게 하려 하였노라." 다시 '하려 함'이 나옵니다.

셋째로 고린도후서 12장 7절입니다. "내 육체의 가시…를 주셨으니." 예수님은 이 가시를 제거해 주지 않으셨습니다. 그래서 바울은 9절에서 "나의 여러 약한 것들에 대하여 자랑하리니"라고 말합니다. 그리고 여기 다시 '하려 함'이 나옵니다. "이는 그리스도의 능력이 내게 머물게 하려 함이라." 바울은 '하려 함'이라는 어구를 세 번 사용합니다. 그저 우연은 아닐 것입니다. 이는 고린도전후서의 강조점입니다. 즉 하나님의 능력이 인간의 약함 가운데서 드러나고 하나님의 힘이 죽음을 통해 나타난다는 것입니다.

다시 고린도후서 4장 본문으로 돌아가 10절과 12절을 보십시오. "우리가 항상 예수의 죽음을 몸에 짊어짐은 예수의 생명이 또한 우리 몸에 나타나게 하려 함이라…그런즉 사망은 우리 안에서 역사하고 생명은 너희 안에서 역사하느니라." 우리는 우리의 죽을 몸에 예수의 생명이 드러나도록 우리 몸에 예수의 죽음을 지니고 있습니다. 약함을 통한 능력과 죽음을 통한 생명이 이 두 서신의 주제입니다.

우리 죽을 몸의 이러한 약함을 느낀다면 우리는 무엇을 해야 할까요? 우리는 바울처럼 육체의 가시에서 벗어나게 해 달라고 기도합니다. 그러면 하나님이 벗어나게 해 주실

지도 모릅니다. 두통이 사라지고 육체의 질병이 나으며 심리적인 수줍음이 없어질 수도 있습니다. 그러나 그렇지 않을 수도 있습니다. 저는 성경과 우리의 경험 모두가 다소 받아들이기 어려운 이런 가르침을 준다고 믿습니다. 곧 하나님은 그분의 능력이 우리에게 거하도록 종종 의도적으로 우리를 약함 가운데 두신다는 것입니다.

개인적인 경험

결론을 내리기 전에 개인적인 경험을 나누고 싶습니다. 1958년에 호주 시드니 대학교로 사역을 위해 방문한 때였습니다. 집회가 있던 주에 저는 소위 '독감'에 걸려 목소리가 나오지 않았습니다. 목소리를 내지 못하는 사역자가 무엇을 할 수 있겠습니까?

집회 마지막 밤인 8일째 밤이 되었습니다. 학생들은 대학교의 대강당을 예약했고 상당히 많은 학생들이 왔습니다. 저는 설교를 해 보기로 했습니다. 그때 저는 강당 바깥 작은 방에 앉아 있었는데, 주위에 모인 한 무리의 학생들에게 고린도후서 12장에 나오는 이 구절을 읽어 달라고 부탁했습니다. 그리고 제 육체의 가시를 제거해 주시기를 기도했습니다. 기억이 정확하다면 그들은 기도하며 제게 손을 얹었습니다. 그러나 제가 약함 가운데 있는 것이 하나님을 기쁘시게 하는 일이라면, 그리스도의 능력이 임하도록 제 병을 받아들이겠다고도 기도했습니다. 제가 약할 때 강하기 때문이지요.

마이크에 최대한 가까이 입을 대야 했던 것으로 기억합니다. 목쉰 소리로 복음을 전했습니다. 억양을 조절할 수도 없었고, 감정을 표현할 수도 없었습니다. 저는 잔뜩 쉬고 단조로운 목소리를 냈고 우리는 내내 인간의 약함 가운데서 하나님의 능력이 드러나도록 울며 매달렸습니다. 과장하거나 거짓말하고 싶은 유혹도 있지만, 저는 정직하게 말할 수 있습니다. 그날 밤에 그 어떤 날보다 훨씬 놀라운 반응이 있었다고 말입니다.

제게 아주 격려가 되었던 일이 있습니다. 1958년 이후에 저는 열 번가량 호주를 다시 방문했습니다. 그런데 갈 때마다 누군가가 찾아와 이렇게 말했습니다. "목소리가 나오지 않으셨던 그때, 시드니 대학교 강당에서 설교하셨던 그날 밤을 기억하시나요?" 제가 "어떻게 잊을 수 있겠습니까?" 하고 말하면 그 사람은 이렇게 응답했습니다. "저는 그날 밤 회심했습니다." 이 일은 하나님의 능력이 인간의 약함 가운데서 드러난다는 원리의 놀라운 예라 생각합니다.

우리가 함께 배우고자 하는 내용을 요약해 봅시다. 사람들의 마음을 가린 수건은 아주 두껍고 우리 몸은 아주 허약합니다. 그러나 하나님의 능력은 충분히 그 수건을 뚫거나 몸을 지탱할 수 있기에 '우크 엔카쿠멘', 우리는 낙심하지 않습니다. 이는 이러한 압박감에 맞설 때에도 분명히 그러합니다.

끝까지 인내하는 것에 대해 호주에서 일어난 실례를 소개하며 마치려 합니다. 토머스 섯클리프 모트(Thomas Sutcliffe Mort)는 초기에 시드니에 정착한 영국인 이주민이었습니다. 시드니의 부두 몇 곳은 그의 이름을 딴 것입니다. 19세기 초반, 그는 식품을 냉장하는 문제를 푸는 데 몰두했습니다. 호주에서는 유럽으로 고기를 수출하고 있었는데, 유럽에 도착하기 전에 고기가 다 상해 버렸기 때문입니다. 그래서 토머스 모트는 효과적인 냉장 방법을 발명하기로 결심했습니다. 그는 이 일을 3년이면 할 수 있을 것이라 생각했지만 실제로는 26년이 걸렸습니다. 결국 그는 냉장된 고기의 첫 배송품이 호주를 떠나는 것을 보았지만, 그 고

기가 도착하기 전에 세상을 떠났습니다.

    모트의 서재 곳곳에는 그의 좌우명이 적혀 있습니다. 지금 시드니 대주교가 모트의 집에 살고 있어서 우연히 알게 된 사실입니다. 모트는 벽 맨 위쪽 둘레에 자신의 좌우명을 스무 번이나 적어 놓았습니다. '끝까지 인내해야 성공한다.' 이와 같이 하나님은 우리에게 끝까지 인내하는 은혜를 주십니다. '우크 엔카쿠멘.'

2
/
자기 훈련

영적 생기를
유지하는 법

우리에게 다가오는 온갖 압박 가운데서
어떻게 낙심을 극복할 뿐 아니라 영적 생기를 유지할 수 있을까요?
저는 훈련의 중요성을 굳게 믿습니다.
대개 생기가 사라지는 근본 원인은 훈련을 하지 않기 때문이라고 생각합니다.

이제 자신을 훈련하는 문제와 영적 생기를 유지하는 법에 대해 이야기하겠습니다. 정작 문제는 낙심이라기보다는 생기가 없는 것입니다. 이는 그리스도인 리더에게 아주 흔한 또 다른 문제입니다. 비전은 쉽게 빛바래고, 믿음도 작아지기 시작합니다. 복음의 영광은 그 광택을 잃어 더 이상 우리를 흥분시키지 못합니다. 눈에서는 광채가 사라지고, 발걸음에는 활기가 사라지며, 우리 모습이 흐르는 시냇물이 아니라 고인 웅덩이같이 보이기 시작합니다.

두 번째 문제가 여기에 있습니다. 우리에게 다가오는 온갖 압박 가운데서 어떻게 낙심을 극복할 뿐 아니라 영적 생기를 유지할 수 있을까요? 저는 성경 한 구절을 가져오기보다는 성경과 경험을 함께 이야기하고 싶습니다. 일반적으로 저는 훈련의 중요성을 굳게 믿습니다. 대개 생기가 사라지는 근본 원인은 훈련을 하지 않기 때문이라고 생각합니다.

쉼과 휴식의 훈련

세 가지 훈련을 이야기해 보겠습니다. 첫 번째는 쉼과 휴식의 훈련이라 부르겠습니다. 우리는 심신이 아주 밀접하게 연결된 피조물입니다. 사실 우리는 영적이며 심신을 지닌 (pneumato-psychosomatic) 피조물입니다. 몸과 마음과 혼을 가지고 있습니다. 이 세 가지의 상관관계를 전부 이해하기는 어려울지 모르지만, 어느 하나의 상태가 다른 두 가지 상태에 영향을 미친다는 것은 알 수 있습니다. 특히 몸의 상태는 영적 생활에 영향을 미칩니다. 사람들은 간혹 영적인 문제로 저를 찾아오는데, 한 주 휴가를 보내면 문제가 해결됩니다. 피곤하거나 아프면 성경을 읽고 싶지 않습니다. 기도하고 싶지 않고 예수 그리스도를 증거하고 싶지 않습니다. 그러나 육체적으로 나아지면 그때는 이런 것들이 쉬워집니다. 쉼의 훈련에는 다음과 같은 몇 가지 측면이 있습니다.

첫 번째는 **쉬는 시간을 마련할 필요성**입니다. 어떤 그리스도인 리더들은 강박관념에 사로잡혀 일합니다. 그들은 지나치게 꼼꼼한 데다가 아침부터 밤까지 일하지 않으면 무엇인가 잘못될 것처럼 생각합니다. 예수님이 자신의 대변자라고 주장하면서, 신약 시대에는 누구나 어느 때든 예수님을 만날 수 있었다고 말합니다. 하지만 그들의 성경 지식에는 아쉬운 구석이 상당히 많습니다. 예수님은 언제나 만날 수 있는 분이 아니셨습니다. 제가 강박관념에 사로잡힌 사역자들에게 제시하고 싶은 본문은 마가복음 6장 45절입니다. "예수께서 즉시 제자들을 재촉하사 자기가 무리를 보내는 동안에 배 타고 앞서 건너편 벳새다로 가게 하시고." 예수님은 물러나 쉬고 기도하시기 위해 무리를 보내셨습니다. 그러니 우리도 쉼의 시간을 가질 때 죄책감을 느낄 필요가 없습니다.

저는 오후 낮잠을 아주 감사하게 생각합니다. 오후에 낮잠을 자지 않는다면 아침 일찍 일어나지 못할 것입니다. 남미를 처음 방문했을 때가 생생하게 기억납니다. 남미 여러 지역을 다니다 아르헨티나를 떠나려 할 때였습니다. 부에노스아이레스에서의 마지막 밤 모임에서 누군가가 남미에 있는 동안 무엇을 배웠느냐고 물었습니다. 곧바로 저는 아주 소중한 세 가지 교훈을 얻었다고 대답했습니다. 첫째는 오후 낮잠에서 엄청난 유익을 얻는다는 것이었고, 둘째는 영국식으로 시간을 엄수하는 악행을 회개한 것이었으며, 셋째는 가까이에 있는 모든 사람에게 자유롭게 키스를 하게 된 것이었다고 말입니다. 그리고 런던에 돌아가면 그중 두 가지는 잊어버려야 한다고 덧붙였습니다. 그 두 가지가 무엇인지는 그들의 추측에 맡겼지만, 여러분은 제가 잊지 않았던 것이 오후 낮잠이라 추측하실 수 있을 겁니다. 우리는 잠이 충분히 필요합니다. 당연히 그 필요의 정도는 기질에 따라 각기 다릅니다. 또한 밤에는 물론 낮에도 쉬는 시간이 필요합니다.

결혼하신 분들은 가족에게 시간을 충분히 내어 주시기를 바랍니다. 저는 올 소울즈 교회의 후임 목회자 마이클 보헨(Michael Baughen)을 늘 존경합니다. 그는 감탄할 정도로 가정적인 사람입니다. 그와 그의 아내는 아주 행복하며 그들에게는 장성한 세 자녀가 있습니다. 기독교 가정의 아주 훌륭한 본입니다. 마이클은 저녁 식사를 항상 가족과 함께 한다는 규칙을 정해 놓았습니다. 아이들이 어렸을 때부터 적용된 규칙인데, 아이들은 오후 5시 반이나 6시쯤 꽤 이르게 저녁 식사를 했습니다. 아무리 중요한 업무가 있어도 그는 가족과 함께 식사하기 위해 시간을 냈습니다. 균형이 아주 잘 잡혀 있었습니다. 그는 책임을 맡았으니 잘 지켜 나가야 했습니다.

일주일에 하루는 쉬어야 합니다. 이렇게 말하는 제가 위선적인 것은 아닌지 두렵기도 합니다. 저도 항상 그렇게 하지는 못하기 때문입니다. 그러나 저는 우리가 네 번째 계명을 지켜야 한다고 믿습니다. 그렇게 하지 않는다면, 우리가 하나님보다 더 지혜롭다고 주장하는 셈입니다. 하나님이 그렇게 만드셨으므로 우리는 일주일에 하루를 쉬는 리듬이 필요합니다. 아시다시피 프랑스혁명 때 사람들은 이를 바꾸어 보려 했습니다. 러시아혁명 이후 1917년에도 다시 시도했습니다. 그러나 한 주를 9일이나 10일로 만들려던 실험은 실패했습니다. 하나님은 우리가 7일 중 하루를 쉬어야 함을 아셨습니다. 그분보다 더 지혜롭다고 주장해서는 안 됩니다. 이상이 쉬는 시간을 내는 것에 관한 몇 가지 생각입니다.

쉼에 포함되는 두 번째 항목은 **취미**입니다. 젊을 때 취미는 보통 스포츠인데, 친구들과 함께 신체적 운동을 할 수 있다는 면에서 아주 좋습니다. 그러나 나이가 많이 들어 운동하기가 어려울 때도 그리스도인들은 모두 취미가 있어야 합니다. 우리는 박물학에 관심을 가져야 합니다. 복음주의 그리스도인은 구속 교리에는 강하지만, 창조 교리에는 약하기 때문입니다.

저는 당당하게 새 관찰을 추천합니다. 새 관찰자들은 거의 신경쇠약에 걸리지 않습니다. 새 관찰을 하면 밖으로 나가 운동을 하게 됩니다. 고독, 혹은 친구와 함께하는 부분적인 고독을 누릴 수 있으며 도시의 분주함에서 벗어나 전원의 고요함 속에 잠기게 됩니다. 특히 아프리카나 아시아에서, 해가 뜬 직후 이른 아침에 펼쳐지는 마술을 어떻게 설명해야 할지 모르겠습니다. 자연 경관과 소리와 냄새를 느끼기 위해 숲이나 논 주변으로 들어가면 곧장 알게 됩니다. 뿐만 아니라 우리는 새 관찰에 몰두하면서 사무실에서의 압박감이나 사역의 압박감에서 벗어납니다. 또 하나님의 창조 세계의 복잡다단함과 아름다움을 묵상할 수 있습니다. 그래서 가능하다면 밖으로 나가는 취미가 좋습니다.

쉼의 세 번째 측면은 **가족, 친구와 함께하는 시간입니다**. 우리는 사랑받고 용납받는 가족이라는 테두리 안에서도 안식을 누릴 수 있지만, 가족 테두리 바깥의 친구들도 필요합니다. 특히 미혼인 경우 친구들이 필요합니다. 옛 작가들이 '영혼의 친구'라 부르던, 영적인 경험을 진술하게 나눌 수 있는 친구를 위해 기도하는 것이 좋습니다. 우리가 하나님이 주신 우정이라는 좋은 선물을 정말로 귀히 여기는지 돌아보아야 합니다.

여러분의 성경 지식을 한번 테스트해 보겠습니다. 제가 성경 구절 하나를 인용하면, 뒷부분을 완성해 주십시오. 바울이 쓴 고린도후서 7장에 나오는 구절입니다. "우리가 마게도냐에 이르렀을 때에도 우리 육체가 편하지 못하였고 사방으로 환난을 당하여 밖으로는 다툼이요 안으로는 두려움이었노라. 그러나 낙심한 자들을 위로하시는 하나님이 ○○○으로 우리를 위로하셨으니." 이것은 무엇일까요? 거의 나자빠질 상황일 때 하나님은 우리를 어떻게 위로하시나요?

지나치게 영적인 그리스도인들이 그 빈칸을 어떻게 채울지 말해 보겠습니다. 그들은 "하나님이 우리에 대한 사랑을 확실히 해 주심으로 우리를 위로하셨으니" 혹은 "하나님이 예수님이 우리와 함께하게 하심으로 우리를 위로하셨으니"라고 쓸 것입니다. 그러나 바울은 그렇게 쓰지 않습니다. 그는 "디도가 옴으로 우리를 위로하셨으니"라고 했습니다. 친한 친구와 그가 가져온 소식으로 위로하셨다는 말입니다. 하나님은 우리를 위로하시기 위해 인간에게 필요한 우정을 사용하십니다.

바울이 언급한 또 다른 예를 말씀드리겠습니다. 그의 마지막 서신인 디모데후서에 나옵니다. 그는 당시 진짜 감옥에 있었던 듯합니다. 많은 이들이 그곳을 로마의 마메르티노 감옥이라 생각합니다. 감방에는 창문이 없었고, 천장에 공기와 빛이 들어오도록 뚫은 원 모양의 구멍 하나만 있었습니다. 바울은 거기서 풀려나지 못하고 처형당했을 것입니다. 그는 "나는 선한 싸움을 싸우고 나의 달려갈 길을 마치고 믿음을 지켰으니"(딤후 4:7)라고 썼습니다. 생애 말년의 바울은 아주 성숙한 모습이지만 외로웠습니다. 위대하고 성숙한 그리스도인이었지만 외로웠습니다. 그는 디모데후서 4장 17절에서 주님이 함께하심에 대해 "주께서 내 곁에 서서 나에게 힘을 주심은"이라고 쓰고 나서 예수님의 다시 오심을 기대한다고 썼습니다. 그러나 이런 것이 그의 외로움을 달래지는 못했습니다.

그러고 나서 그는 디모데에게 이렇게 씁니다. 9절에서

"너는 어서 속히 내게로 오라"고 하고, 21절에서 "너는 겨울 전에 어서 오라"고 했습니다. 바울은 추웠기 때문에 자신이 두고 온 겉옷을, 그 외에도 책과 가죽 종이에 쓴 것 등을 가져다 달라고 부탁합니다. 이렇듯 바울은 훌륭한 그리스도인이지만 아주 인간적이었으며, 친구가 필요하다는 사실을 인정하기를 주저하지 않았습니다.

쉼과 휴식의 훈련과 관련하여 필요한 세 가지를 제시했습니다. 우리에게는 적절한 휴식 시간과, 취미나 스포츠, 가족과 친구가 필요합니다. 이는 인간의 필요입니다. 이러한 필요가 있음을 부끄러워하지 말고 인정하십시오.

시간의 훈련

이제 두 번째로 시간의 훈련을 다루고 싶습니다. 에베소서 5장 16절을 아시리라 생각합니다. "세월을 아끼라. 때가 악하니라." 시간은 아주 귀중합니다. 우리에게는 모두 동일하게 매시간 60분, 매일 24시간이 있습니다. 몇몇 사람은 그 시간을 대부분 잘 활용하지만 다른 사람들은 그렇지 못합니다. 이제 시간의 훈련이라는 주제 아래에서 두 가지 것을 이야기하겠습니다.

첫 번째는 하루의 일정표에 대한 것입니다. 그리스도인 리더나 목회자는 보통 하루하루를 위한 공식적 일과가 없습니다. 매일 동일한 일정이 짜여 있지 않으므로 하루 일정표를 작성해야 합니다. 아마 그 일정은 날마다 다를지도 모릅니다. 개인적으로 저는 해야 할 일 목록을 작성하고 그 과제들을 우선순위에 따라 정리하는 것이 도움이 되었습니다. 각 과제를 해내는 데 예상되는 시간도 할당합니다.

그리고 아침에 앞으로 펼쳐질 하루를 위해 기도하는 것도 큰 도움이 되었습니다. 이런 습관을 가지면 약속을 절대로 잊어버리지 않습니다. 누군가가 약속을 잊어버렸을 때 저는 항상 이렇게 말합니다. "오늘 아침에 무엇을 위해 기도하셨나요?"

하루가 시작될 때 그날을 위해 기도하는 것은 큰 도움이 됩니다. 그러면 우리에게 다가올 일을 무릎을 꿇고 대면하게 됩니다. 그것은 감당하고 싶지 않은 무거운 책임일지도 모릅니다. 혹은 만나기 전에 기도할 필요가 있는 사람일지도 모릅니다. 하루가 시작되기 전에 기도로 그 일들을 대면하면 문제가 훨씬 줄어듭니다.

가능하다면 아침 일찍 일어나는 것이 좋을 듯합니다. 마틴 로이드 존스(Martin Lloyd-Jones)는 언젠가 이것이 혈압의 문제라고 말했습니다. 어떤 사람들은 일어날 때는 쌩쌩하지만 시간이 지나면 피곤해집니다. 반대로 어떤 사람들은 피곤한 상태로 깨지만 시간이 지나면서 점점 쌩쌩해집니다. 이런 사람들은 새벽 2시가 되어서야 최상의 상태가 됩니다. 제 혈압이 이들과 정반대라 그런지, 저는 이런 사람들이 몹시 어렵습니다. 저는 아주 피곤한 상태로 잠자리에 들지만 원기 왕성한 상태로 일어납니다. 아침 식사 전에 전화나 우편물, 방문객, 가족의 방해를 받지 않고 두세 시간을 보내는 것이 아주 좋습니다. 그러나 모두가 서로 다르므로 다른 사람이 하는 대로 따라야 할 필요가 없음을 인정합니다.

날마다 성경을 읽고 기도하는 시간을 가져야 합니다. 또 매일 독서 시간도 갖기를 바랍니다. 저는 현실적인 목표를 나누려 합니다. 독서를 전혀 하지 않는 목회자들이 아주 많습니다. 이는 너무 낮은 목표입니다. 반대로 매일 아침 서재에서 시간을 보내야 한다고 추천하는 신학교도 있습니다. 이는 너무 높은 목표입니다. 우리는 현실적인 목표가 필요합니다. 저는 어떤 목회자라도 책을 읽는 데 하루에 한 시간씩 낼 수 있다고 말합니다. 거기에 주마다 오전이나 오후나 저녁을 통째로, 다시 말해 네 시간 정도 긴 시간을 더 내야 합니다. 하루에 한 시간, 한 주에 서너 시간을 내면 한 주에 열 시간가량이 됩니다. 열 시간이면 책 한 권은 너끈히 읽을 수 있고, 매주 한 권씩이면 매년 50여 권을 읽습니다. 저는 진심으로 이것이 스스로에게 부과할 만한 합리적인 목표라 생각합니다. 하루 일과표와 관련하여 추천하고 싶은 것은 여기까지입니다.

두 번째로 고요한 날에 대해 이야기하려 하는데, 개인적인 이야기를 하는 것을 양해해 주시기 바랍니다. 저는 1950년에 런던의 올 소울즈 교회의 목회자로 임명받았습니다. 당시 저는 겨우 스물아홉 살이었습니다. 제 능력의 범위를 훨씬 넘어선, 고통스럽게도 제 경험의 범위를 훨씬 넘어선 자리였습니다. 저는 금세 그 책무를 감당하기가 힘들어졌고 좌절했습니다. 준비하는 것을 잊어 일어난 사건들도 있었습니다. 일례로 예배 순서지 인쇄를 잊어버린 특별한 예배도 있었습니다. 그러고 나서는 '설교자의 악몽'을 꾸기 시작했습니다. 강단에 올라가다가 갑자기 설교 준비를 잊어버린 것이 생각나는 꿈 말입니다. 당시 저는 신경쇠약 직전이었던 것 같습니다.

그러던 어느 날 목회자들을 위한 수련회에 갔습니다. 거기서 만난 강사 한 분이 아주 간단한 제안을 했습니다. 제가 그 수련회에서 유일하게 기억하는 그 한 가지가 제 인생을 구했다고 정직하게 말할 수 있을 것 같습니다. 그분은 바쁜 목회자들은 모두 매달 하루를 비우고 고요한 날을 보내야 한다고 말씀하셨습니다. 가정과 교회에서 벗어나 하나님의 마음속으로 들어가서, 자신이 어디로 가야 할지 다음 몇 개월을 내다볼 시간이 있어야 한다고 말입니다.

그것은 제게 주신 하나님의 말씀이었습니다. 저는 집에 돌아오자마자 그해 매달 하루씩을 따로 표시해 두었습니다. 고요한(quiet)이라는 의미로 작게 'q'를 적고, 런던 중심가에서 몇 킬로미터 떨어진 곳에 사는 친구에게 집에 가서 하루를 보내도 되겠느냐고 부탁했습니다. 그리고 거기서 하루 온종일을 보냈습니다. 만일에 대비하여 유일하게 거처를 알고 있는 비서 외에는 제가 어디에 있는지 아무도 몰랐습니다. 저는 매달 한 번씩 그 고요한 날에, 시간과 침묵과 기도가 필요한 일들을 했습니다. 답하기 어려운 편지, 깊이 생각해야 하는 문제, 써야 할 짧은 글, 다음 3-6개월에 대한 계획 등이었습니다. 제가 말씀드릴 수 있는 것은, 과중한 부담감이 곧바로 사라졌고 설교자의 악몽을 꾸는 일도 거의 없어졌다는 사실입니다. 매달 고요한 날이 그토록 소중해졌기 때문에, 10-15년 동안 매주 한 번씩 고요한 날을 보냈습니다. 특히 조금 더 장기적인 계획을 위해, 적어도 한 달에 한 번은 고요한 날을 마련하기를 강력하게 추천합니다.

경건의 훈련

지금까지 쉼과 휴식의 훈련과 시간의 훈련에 대해 생각해 보았습니다. 이제 세 번째로 경건의 훈련에 대해 몇 가지를 이야기하려 합니다. 저는 성경 읽기와 기도를 이야기하고 싶습니다.

첫 번째로 성경 읽기입니다. 그리스도인 리더들은 성경 전체를 알아야 합니다. 성경을 잘못 해석하는 경우는 대부분 성경을 부분적으로 알고 있거나 선택적으로 사용하기 때문입니다. 가장 안전한 해석학적 원리는 성경 전체를 아는 것입니다. 그럴 때 우리는 전체에 비추어 각 본문을 해석하고, 전체에 비추어 부분을 해석하는 법을 배웁니다.

25년 전 제게 특별한 성경 읽기표를 소개해 준 분도 바로 로이드 존스였습니다. 여러분에게 꼭 그것을 추천하는 것은 아니지만 그 성경 읽기표에 대해 이야기하고 싶습니다. 제가 받은 것은 아주 단순한 읽기표였습니다. 다양한 사람들이 다양한 시기에 발행했지만, 그것은 '일용할 양식: 성경 읽기표'라 불립니다. 맨 처음에는 1842년 스코틀랜드의 로버트 머리 맥체인(Robert Murray McCheyne) 목사가 교인들이 매년 성경 전체를 읽게 하려고 만들었습니다. 그는 교인들이 성경 전체를 잘 받아들이도록 신약성경은 두 번, 구약성경은 한 번씩 읽기를 원했습니다. 하루에 네 장씩 읽어야 하기 때문에 꽤 부담이 되는 훈련입니다. 그러나 저는 이것이 아주 소중한 일이라 생각합니다. 1월 1일에 창세기 1-4장으로 시작해 1월 2일에 창세기 5-9장으로 이어지지는 않습니다. 대신 첫째 날에 성경의 네 가지 위대한 시작점에서 출발합니다. 즉 창세기 1장, 에스라 1장, 마태복음 1장, 사도행전 1장입니다. 이 각각은 탄생을 다룹니다. 창세기 1장은 우주의 탄생, 에스라 1장은 바벨론 포로 생활 이후 민족의 재탄생, 마태복음 1장은 예수님의 탄생, 사도행전 1장은 기독교 교회의 탄생입니다. 이렇게 네 가지 위대한 시작점에서 출발하여 1년 동안 그 뒤를 따라갑니다. 저에게는 이 방식이 성경의 주제들을 따라가는 데 무엇보다 도움이 되었습니다. 성경의 어떤 한 구절이 다른 구절에 대한 해석의 실마리를 던져 주곤 했습니다. 저는 아침에 세 장을 읽고 저녁에 한 장을 읽습니다. 아침에 두 장은 그냥 읽고 세 번째 장은 연구하려고 합니다. 물론 세 장을 읽는 데 15분 이상 걸리지는 않을 것이기에 이 일반적인 읽기 말고도 약간의 연구를 더 해야 합니다.

어떻게 성경 읽기가 생기를 잃지 않으면서 진부하고 지루한 일상이 되지 않게 할 수 있을까요? 저는 기대감을 가지고 성경에 다가가는 것이 중요하다고 생각합니다. 성경을 읽기 시작할 때 몇 분간 묵상을 해야 합니다. 하나님이 이전에 말씀하셨던 것을 통해 지금 말씀하시고, 듣고자 하는 우리보다 그분이 말씀하시기 위해 더욱 애쓰심을 기억해야 합니다. 성경 읽기의 목적은 하나님의 살아 있는 음성에 귀 기울이는 것이기에, 우리도 동일하게 살아 있는 기대로 성경 읽기에 다가가야 합니다.

이제 기도에 대해 몇 가지 말하려 합니다. 모두가 기도를 어렵다고 생각하며, 특히 집중하는 데 문제가 있는 것

같습니다. 이 이상한 역설을 생각해 보신 적이 있으십니까? 하나님께 다가가 그분과 사귐을 나누는 시간에는 그보다 깊은 만족을 주는 것이 아무것도 없습니다. 시계는 정지해 있으며 우리는 그 시간을 끝내려고 서두르지 않습니다. 그것은 현실이며, 우리가 하늘 아버지께로 돌아가 있는 것임을 압니다. 자주 일어나는 일은 아니지만, 여러분 모두가 가끔 이런 경험을 하기를, 또 저와 마찬가지로 거기서 깊은 만족을 얻기를 바라고 그렇게 되리라 믿습니다.

이러한 이유로 우리는 기도하고 싶은 마음이 들기를 기대합니다. 그러나 여기서 그 역설의 반대편에 이릅니다. 기도 시간이 돌아오면 이상하게 기도하기 싫은 마음이 몰려옵니다. 아무 관련 없는 오만 가지 것들이 마음속에 떠오릅니다. 써야 할 편지, 읽어야 할 책, 봐야 할 텔레비전 프로그램 같은 것들 말입니다. 이러한 비논리적인 역설의 원인은 무엇일까요? 마귀 외에는 이 역설을 설명할 길이 없습니다. 마귀는 기도가 그리스도인의 삶의 핵심 비결임을 알고, 할 수 있는 한 우리가 기도하지 못하게 방해하려 합니다. 이것이 기도하기 싫은 마음이 드는 것에 대해 제가 찾은 유일한 이유입니다.

제게 유용했던 것들을 나누고 싶습니다. 제가 '문턱의 전투'라 즐겨 부르는 것이 있는데, 이 전투에서 이겨야 합니다. 저는 간혹 아주 높은 돌담과, 살아 계신 하나님이 그 담 건너편에 계시다고 상상합니다. 그분은 높은 담으로 둘러싸인 정원에서 제가 건너오기를 기다리고 계십니다. 다소 유치한 상상 같지만 제게는 도움이 됩니다. 아주 작은 문 하나가 그 담을 지나 정원으로 들어갈 수 있는 유일한 방법입니다. 그 문 밖에서는 마귀가 칼을 빼 들고 서서, 그 길 곳곳에서 싸울 태세를 갖추고 제가 하나님의 임재 가운데로 들어가지 못하게 막으려 합니다. 바로 그 시점에 우리는 그리스도의 이름으로 마귀를 물리쳐야 합니다. 이것이 바로 문턱의 전투입니다. 저는 우리 중 많은 이들이 문턱의 전투에서 이기지 못하고 기도를 포기한다고 생각합니다. 제 경험상 이 전투에서 이기는 최상의 방법은 성경의 약속을 주장하는 것입니다.

한 가지 예를 들어 보겠습니다. 정말 재미있게도 이 또한 호주의 예입니다. 하지만 이번에는 시드니가 아니라 멜버른입니다. 역시 1958년인데, 저는 시드니 대학교와 멜버른 대학교에서 집회를 인도해 달라는 초청을 받았습니다.

먼저 시드니 대학교에 갔다가 제가 어떻게 목소리가 나오지 않게 되었는지를 앞서 이야기했습니다. 그 사역이 끝나자 저는 진이 다 빠졌습니다. 그 상태로 두 번째 사역을 시작해야 했지만 또 다른 사역이 전혀 내키지 않았습니다. 집으로 돌아가는 다음 비행기를 정말로 타고 싶었습니다. 그때 저는 충분히 했습니다. 지금은 그것이 어느 정도 신체적인 문제였기에 하루를 쉬어야 했음을 알지만, 그것은 또한 영적 전투이기도 했습니다. 저는 복음에 대해 가슴이 뛰지 않았고 주님이 저를 버리셨다는 느낌마저 들었습니다.

저는 어느 그리스도인 가정에 묵고 있었습니다. 사역이 시작되기 전날이었습니다. 저는 주님과 단 둘이 있기 위해 방문을 걸어 잠갔습니다. 그분과의 교제를 회복하기 전에는 이 사역을 시작할 수 없음을 알았습니다. 저는 성경의 여러 구절을 읽고 있었는데, 하나님은 특정한 한 구절을 택하셔서 저를 도와주셨습니다. 바로 시편 145편 18절이었습니다. "여호와께서는 자기에게 간구하는 모든 자 곧 진실하게 간구하는 모든 자에게 가까이 하시는도다." 저는 잠시 후 짐을 벗었고 주님께서는 다시 제게 그분을 드러내셨습니다. 저는 기운을 회복하고 확신에 차서 그 사역에 임했고 주님께서는 복을 주셨습니다.

따라서 쉼과 휴식, 시간 사용, 경건이라는 영역에서 자신을 훈련하시기를 권합니다. 그러면 주님께서 그분과 함께하는 여러분의 삶에 풍성하게 복 주시리라 믿습니다.

3
/
관계

사람들을
존중하는 법

제가 이야기하는 혁명적 원리는, 그리스도를 관계의 양 끝에 두는 것입니다.
한편으로는 우리가 그리스도가 된 것처럼 그리스도의 이름으로 섬기고,
다른 한편으로는 우리가 섬기는 이들이 그리스도이며
또한 우리가 그분을 섬기고 있는 것처럼 그리스도를 위해 섬깁니다.

어느 신임 선교사가 잘 지내느냐는 질문을 받았습니다. 이 선교사는 새로운 선교지에서 겨우 몇 달 머물렀을 뿐이었습니다. 그는 다 좋은데 두 가지 문제가 있다고 대답했습니다. 첫 번째는 동료 선교사들을 참을 수 없다는 것이고, 두 번째는 선교지의 그리스도인들과 잘 지낼 수 없다는 것이었습니다. 이것만 빼면 다 좋다고 말입니다!

그리스도인 리더가 마주하는 세 번째 문제는 관계의 문제입니다. 사람들을 존중하는 법을 익혀야 합니다. 관계의 중요성은 아무리 강조해도 지나치지 않습니다. 이 땅에서의 삶은 관계로 이루어져 있습니다. 보통 복잡다단한 관계망들이 있습니다. 사도 바울은 "우리 가운데는 자기만을 위하여 사는 사람도 없고"(롬 14:7, 새번역)라고 말했습니다. 후대의 어느 그리스도인은 "누구도 고립되어 살지 못한다"고 말했습니다. 가족과 친구, 동료, 우리가 섬기는 이들, 우리를 섬기는 위대한 이들이 있고, 그들은 모두 관심을 받을 만합니다. 따라서 좋은 관계를 증식시키는 법을 배우는 일은 정말 중요합니다.

인간이 지닌 가치에 근거한 존중: 창조와 구속

첫 부분에서는 그리스도인들이 좋은 관계를 맺어야 할 근거가 무엇인지를 다루려 합니다. 좋은 관계의 기초는 존중이며, 존중은 인간이 지닌 가치에 근거한다고 말할 수 있습니다. 그러나 인간의 가치를 기독교적으로 이해해야 합니다. 인간의 가치는, 한 사람의 직업이나 수입, 멋진 외모나 상냥한 성격, 집이나 차의 크기, 사회적 지위 같은 것으로 가늠할 수 없습니다. 인간의 가치는 내재되어 있습니다.

그리스도인의 사고방식과 세상의 사고방식에는 근본적으로 차이가 있습니다. 많은 세속적 인도주의자가 사람들을 섬기는 일에 헌신하는데, 그들이 보이는 측은지심은 간혹 우리를 부끄럽게 합니다. 그러나 그들에게 사람들을 구하려는 이유를 물어보면, 보통 인류의 미래와 관련한 어떤 이야기를 주워섬기는 것 말고는 별다른 대답을 하지 못합니다. 그러나 진보의 가능성을 기준으로 삼는다면, 지적 장애인이나 지체 장애인, 노인들을 돌보아야 할 근거가 없습니다. 논리적으로는 인류의 진보를 방해하지 않도록 그들을 죽여야 할 것입니다. 하지만 세속적 인도주의자들이 보통 그러한 결론에 이르지 않는 까닭은, 그들의 마음이 그들의 머리보다 낫고, 그들의 박애주의가 그들의 철학보다 낫기 때문입니다.

그러나 그리스도인에게는 사람들을 섬겨야 할 더 훌륭한 근거가 있습니다. 사람이 앞으로 수백만 년을 살아가며 무엇인가가 될 수도 있다는 점이 아니라, 이미 그들이 지닌 모습 자체가 그 근거입니다. 진화가 아니라 창조 때문입니다. 창조는 인간 존엄성의 첫 번째 근원입니다. 그리고 두 번째 근원은 구속(救贖)입니다.

제게 아주 유익했던 한 구절을 살펴봅시다. 사도행전 20장 28절로, 이 구절은 바울이 밀레도에서 에베소 장로들에게 전한 유명한 설교 중간에 있습니다. "여러분은 자기를 위하여 또는 온 양 떼를 위하여 삼가라. 성령이 그들 가운데 여러분을 감독자로 삼고 하나님이 자기 피로 사신 교회를 보살피게 하셨느니라." 여기에 나오는 삼위일체에 대한 언급을 주목하십시오. 목회자들이 회중을 돌보아야 하는 근거가 삼위일체 하나님께 있습니다. 회중은 하나님의 교회에 속한 양 떼입니다. 사본들마다 표현이 달라서 어떤 곳에는 '하나님'이라 되어 있고, 다른 곳에는 '주님'이라 되어 있습니다. 그러나 저는 '하나님이 자기 피로 사신 교회'(KJV)가 정확한 번역이라고 생각합니다. 어떤 번역에는 '자기 아들의 피로'(새번역)라 되어 있는데, 이는 분명 성자일 것입니다. 어떤 경우든 피를 언급합니다. 따라서 하나님의 교회는 그리스도의 피로 사신 바 되었습니다. 그러나 목회자들이 이 교회를 지키도록 하시는 분은 성령이십니다. 이 내용은 목회자인 제게 큰 도움이 됩니다. 성부, 성자, 성령 모두 하나님의 사람들이 잘되게 하시는 데 전념하십니다. 따라서 제가 그 삼위일체의 섬김에 참여하는 것은 특권입니다. 우리가 섬기도록 부름받은 대상이 바로 이 사람들임을 늘 기억해야 합니다.

약간 망설이긴 했지만, 제 삶의 경험을 나누고자 합니다. 런던에 있는 우리 교회에서 몇몇 사람이 큰 시련거리와 고통이 되었던 적이 있습니다. 교회 예배나 모임이 끝나면, 그 사람들이 저와 이야기하려고 줄을 선 모습을 곁눈으로 볼 수 있었습니다. 친구 여러분, 저는 그들을 무례하게 대하며 그냥 가 버리라고, 눈앞에서 사라지라고 말하고 싶은 유혹을 받았습니다.

솔직히 털어놓자면 이 구절은 제가 그들에게 대응하는 데 도움을 받은 구절입니다. 저는 그들에게 소리 내서 말하는 동시에 마음속으로도 소리 없이 말했습니다. 다음이 제가 그들에게 소리 내지 않고 했던 이야기입니다. "세상의 몇몇 기준에 따르면 여러분은 별로 중요하지 않을지 모르지만, 하나님께는 여러분이 아주 귀한 존재입니다. 그분이 여러분을 자신의 형상으로 만드셨습니다. 그리스도는 여러분을 사랑하사 여러분을 위해 죽으셨습니다. 여러분이 그토록 가치 있는 존재이기에, 제가 여러분을 섬기는 것은 특권입니다." 이것이 우스울 수도 있지만 제가 진지한 까닭은, 이로 인해 제 태도가 바뀌었기 때문입니다. 그들을 그저 흥미롭게 여기는 대신에 저는 제가 그들을 사랑하고 돌볼 수 있음을 발견했습니다. 이와 같이 좋은 관계의 근거는 인간의 존엄성에 있습니다.

주의 이름으로…주께 하듯 하고

두 번째로, 좋은 관계를 위한 혁명적인 원리 하나를 나누고자 합니다. 이번에는 골로새서 3장 17절과 23절을 읽어 봅시다. "또 무엇을 하든지 말에나 일에나 다 주 예수의 이름으로 하고 그를 힘입어 하나님 아버지께 감사하라." "무슨 일을 하든지 마음을 다하여 주께 하듯 하고 사람에게 하듯 하지 말라." 두 구절 모두 같은 단어, 즉 '무엇을 하든지'로 시작함을 주목해 보십시오. 여기에는 보편적으로 작용하는 원리들이 있으며 그 원리들은 서로 아주 멋지게 보완됩니다. 17절은 주 예수의 이름으로 무엇인가를 한다고 말합니다. 주님의 이름으로 무엇인가를 한다면, 그분의 대리인으로 혹은 그분의 위임을 받아서 일한다는 뜻입니다. 그러나 이와 달리 23절에서는 주 예수 밑에서 무엇인가를 한다고 합니다. 이는 그분의 종으로서 일한다는 의미입니다.

저는 첫 번째 구절에 따라 마치 제가 예수 그리스도가 된 듯 이웃을 대하려 합니다. 하지만 두 번째 구절에 따라 이웃이 마치 예수 그리스도가 된 것처럼 대하려 합니다. 제가 주님의 이름으로 누군가를 이웃으로 대한다면, 예수 그리스도께서 하시듯 그에게 존경을 표하며 예의 있게 대하게 됩니다. 그러나 또 두 번째 구절을 따르면, 예수 그리스도께 드리는 존경과 예의를 그에게 주게 됩니다. 따라서 어떤 관계든 예수 그리스도는 두 사람 안에 모두 계십니다. 제가 그리스도가 된 듯 여러분을 대할 수도 있고, 여러분이 그리스도가 된 것처럼 대할 수도 있습니다. 어느 방식이든 혁명적이며, 두 가지가 더해지면 이중으로 혁명적입니다. 두 가지 다 간단하게 살펴봅시다.

첫 번째는 그리스도의 이름으로 사람들을 대하는 방식입니다. 이 경우 우리는 그리스도를 대신합니다. 우리는 이 땅에서 그분의 대사입니다. 우리는 그분이 하셨던 대로 사람들을 생각하는 법을 배우고, 그분이 하셨듯 사람들을 대하는 법을 배웁니다. 우리는 그분이 하셨듯 여성들을 존중하며 아이들을 사랑합니다. 그리고 그분이 하셨듯 어려움에 처한 이들에게 긍휼을 베풉니다. 또 그분처럼 겸손해져서 사람들의 발을 씻깁니다. 어떤 상황에서든 질문은 "예수님이라면 어떻게 하실까?"입니다.

찰스 쉘던(Charles Sheldon)이 쓴 『예수님이라면 어떻게 하실까?』(*In His Steps*, 크리스천다이제스트)라는 책이 있습니다. 19세기 말엽에 일어났던 이야기입니다. 어느 금요일 아침, 목사가 서재에 앉아 설교 준비를 하고 있었습니다. 설교 본문은 베드로전서 2장 21절, "그리스도도 너희를 위하여 고난을 받으사 너희에게 본을 끼쳐 그 자취를 따라오게 하려 하셨느니라"였습니다. 그는 예수님의 자취를 따르는 것에 대한 설교를 준비했습니다. 그런데 갑자기 현관 벨이 울렸습니다. 창밖을 내다보니 부랑자 한 명이 있었습니다. 미국에서는 분명 실직한 놈팡이라고 부를 것입니다. 목사는 이야기를 나누기 위해 내려갔고, 그 부랑자는 자신이 겪은 고난과 실직에 대해 길게 이야기했습니다. 목사가 그에게 돈을 몇 푼 쥐여 주었는지 아닌지는 잊어버렸지만, 어쨌든 할 수 있는 한 빨리 그를 돌려보내고 곧이어 설교 준비를 했습니다.

돌아온 주일에 그 목사는 아주 멋지고 유창한 설교를 했습니다. 그러나 설교가 끝나자마자 실망스럽게도 교회 뒤에서 소동이 있었습니다. 누군가가 걸어 들어와 중앙 복도에 섰는데 소름 끼치게도 바로 그 부랑자였습니다. 그는 앞으로 나와 회중을 향해 몸을 돌리더니 연설을 했습니다. 그리고 이렇게 말했습니다. "저는 저기 맨 위층에 앉아 있으면서, 당신들이 예수를 따른다는 말이 예수가 가르친 바와 같은 것인지 궁금했습니다." 그는 계속해서 자기 이야기를 하더니, 이렇게 마무리했습니다. "당신네 그리스도인들이 예수의 자취를 따른다는 말은 어떤 의미입니까?" 그 순간 그는 그동안 음식을 먹지 못한 탓에 실신했습니다. 목사는 놀라서 강대상에서 내려가 그를 자기 집으로 데려갔지만, 그 남자는 며칠 후에 죽고 말았습니다. 이 경험이 회중에게 대변혁을 가져왔다는 것을 여러분도 이해하실 수 있을 겁니다.

바로 그다음 주일, 목사는 회중에게 그들 대부분이 주님과의 언약 관계에 들어갔으므로 무슨 일을 하든 먼저 "예수님이라면 어떻게 하실까?"라는 질문을 하라고 도전했습니다. 그 책의 나머지 부분은 다양한 사람들에게 일어난 일에 대한 이야기입니다. 그 책의 일부는 다소 감상적일지도 모르지만, 우리가 무슨 일을 하든 주님의 대리자로서 주 예수의 이름으로 해야 한다는 논지를 아주 분명하게 제시합니다.

이제 정반대의 원리를 다루어야 합니다. 주께 하듯 모든 것을 하는 원리입니다. 골로새서 3장 23절, 종들에게 주는 지침 가운데 그 내용이 있습니다. 종들은 순종하고 근면

하고 성실하며 정직해야 했습니다. 이유가 무엇일까요? 종들은 이 땅에 있는 주인의 배후, 그 주인 너머를 바라보아야 했고, 하늘에 계신 진짜 주인을 바라보며 사람에게 하듯 하는 것이 아니라 그분께 하듯 모든 것을 해야 했기 때문입니다. 하늘에 계신 주인을 섬길 때 종들은 그만큼 더 땅의 주인을 섬길 것입니다. 이 두 번째 원리에서는 역할이 뒤바뀝니다. 우리가 사람들에게 주는 존경과 존중은 이제 그리스도께서 주시는 것이 아니라, 그리스도께 드리는 것입니다. 예수님이 굶주리고 목마른 이들, 병들고 헐벗은 이들, 낯선 이들과 감옥에 갇힌 이들을 사랑하는 사역을 말씀하실 때 의미하신 바가 이것이 아닐까요? "너희가 여기 내 형제 중 지극히 작은 자 하나에게 한 것이 곧 내게 한 것이니라"(마 25:40).

이것은 모든 일에 적용할 수 있는 원리입니다. 우리는 예수님의 방문을 기다리듯이 방을 청소할 수 있습니다. 마르다가 되어 예수님이 우리와 함께 식사를 하실 것처럼 식사 준비를 할 수 있습니다. 마치 내 앞에 있는 학생이 그리스도인 것처럼 그를 섬길 수 있습니다. 예수님이 그곳에 계신 것처럼 어느 집을 방문할 수 있습니다. 이제 다른 한두 가지 간단한 예를 제시하려 합니다.

19세기 말 새뮤얼 채드윅(Samuel Chadwick)이라는 영국의 감리교 지도자가 있었습니다. 그는 자신이 열 살 때 회심했던 이야기를 들려주었습니다. 주일학교의 어느 기념일에 방문했던 초빙 강사가 한 말이 이 어린 소년의 마음을 찔렀습니다. 그는 만약 자신이 구두닦이라면 그 마을에서 최고의 구두닦이가 될 것이라고 했습니다. 예수님이 신으실 것이라 여기며 구두를 닦을 것이기 때문이라는 이유를 덧붙였지요. 그 어린 소년이 이 말에 감동한 까닭은 집에서 아버지의 구두를 닦는 것이 그가 해야 할 일 중 가장 싫어하는 일이었기 때문입니다.

월요일 아침, 소년은 아버지의 구두를 닦기 시작했습니다. 가장 하기 싫은 일을 가장 먼저 하는 것이 낫다는 원리에 따라 고무장화부터 닦았습니다. 고무장화를 다 닦고 나자 문득 그 강사의 말이 떠올라 자기가 닦은 장화를 쳐다보았습니다. 그 장화가 예수님이 신으실 만큼 괜찮아 보이는지 자문해 보고 그에 대한 대답으로 장화를 꺼내 한 번 더 닦았습니다. 그는 그 일이 인생에서 가장 중요한 일이라고 생각했습니다. 그때 그는 모든 일을 주께 하듯 하는 법을 배웠습니다.

마더 테레사 역시 현대의 아주 멋진 본보기라 생각합니다. 저는 그녀가 일했던 콜카타 병원을 방문한 적이 있습니다. 그리스도인들이 사역하는 그곳 게시판에 적힌 내용을 아실지 모르겠습니다. 그것은 사랑의 수녀회의 모토로 마더 테레사가 직접 했던 말입니다. "우리 수녀들은 가난한 이들의 모습에서 예수 그리스도를 보아야 합니다. 일이나 사람이 더 혐오스러울수록, 이토록 처참한 모습으로 변장하신 우리 주님을 믿음과 사랑으로 보살피는 것이 더 훌륭한 대응입니다." 저는 '이토록 처참한 모습으로 변장하신'이라는 어구가 참 좋습니다. 마더 테레사는 늘 그렇게 생각했습니다. 그녀가 어느 방문객에게 이렇게 말한 적이 있습니다. "저는 제가 어루만지는 모든 사람 속에서 그리스도를 봅니다. 그분이 '내가 굶주리고, 목마르고, 헐벗고, 병이 들었다'고 말씀하셨기 때문입니다. 이처럼 단순합니다. 빵 한 조각을 줄 때마다 저는 그분께 드리는 것입니다."

이와 같이 제가 이야기하는 혁명적 원리는, 그리스도를 관계의 양 끝에 두는 것입니다. 한편으로는 우리가 그리스도가 된 것처럼 그리스도의 이름으로 섬기고, 다른 한편으로는 우리가 섬기는 이들이 그리스도이며 또한 우리가 그분을 섬기고 있는 것처럼 그리스도를 위해 섬깁니다.

귀 기울일 때의 존중

세 번째로, 존중에 대한 몇 가지 예로 마무리하고자 합니다. 첫 번째는 각 개인과 관련 있는 것으로, 사람들에게 귀 기울여야 한다는 것입니다. 누군가의 입을 다물게 하는 것, 누군가에게 입을 다물라고 말하며 그에게 귀를 기울이려 하지 않는 것은 그를 존중하지 않는 태도인 반면, 누군가에게 귀를 기울이는 일은 그의 소중함을 인지한다는 사실을 드러냅니다. 성경에는 듣는 일에 관한 내용이 많습니다. "미련한 자는 자기 행위를 바른 줄로 여기나 지혜로운 자는 권고를 듣느니라"(잠 12:15)는 말씀도 있고, 야고보서 1장 19절에서는 "사람마다 듣기는 속히 하고 말하기는 더디 하며"라고도 말합니다.

저는 15년쯤 전에 아주 중요한 경험을 했습니다. 제가 아직 올 소울즈 교회 목회자로 사역할 때였습니다. 당시에 목회 팀을 구축하고 있어서 매주 월요일에 직원 회의를 했습니다. 성경을 읽고 함께 기도한 다음, 교회 사역을 논의하며 다가올 주간을 함께 점검했습니다. 언젠가 중요한 주제를 논의하던 때였습니다. 심각한 논의였습니다. 그런데 논의 중간에 동료 한 사람이 논의를 중단시키더니 저를 돌아보며 말했습니다. "존, 당신은 듣고 있지 않군요." 그 말이 맞았습니다. 저는 듣고 있지 않았습니다. 그 논의가 약간 지루해서, 고백하건대 제 마음은 이미 다른 곳에 가 있었습니다. 동료가 한 그 도전은 제 인생에서 아주 중요한 역할을 했습니다. 그때부터 저는 잘 들을 수 있도록 하나님께 은혜를 구했습니다. 서로에게 귀 기울이지 않는다면 우리의 관계는 악화될 것입니다.

듣기와 관련하여 세 가지 요점을 제시하려 합니다. 첫 번째로 **듣기는 그 자체로 옳습니다.** 듣는 일은 존중함을 보이는 셈이기 때문입니다. 두 번째로 **듣기에는 치료적 효과가 있습니다.** 듣는 사람은 말하는 이에게 자신의 문제를 말로 표현할 기회를 줍니다. 문제를 말로 표현할 때 문제는 저절로 약화됩니다. 우리의 문제들은 마음속 어두운 구석에 숨어 있을 때가 최악입니다. 하지만 문제를 꺼내어 말로 표현하고 바라보면 그것은 이내 작아집니다. 그러므로 자기의 문제를 꺼내는 누군가에게 귀 기울이는 일은 그 사람을 치료하는 일입니다.

세 번째로 듣기는 **생산적인 일입니다**. 특히 의견이 다른 사람들에게 귀 기울일 때 그렇습니다. 보통 의견이 다른 사람들은 서로 피합니다. 서로 멀어지고, 그러고 나서 서로에게 맞서는 책을 쓰며, 중간 지역을 넘어 서로를 향해 수류탄을 던집니다. 그 사람은 수천 킬로미터나 멀리 떨어져 있지만, 속에서는 그에 대한 터무니없는 이미지가 자라납니다. 그러나 일단 만나서 얼굴을 맞대고 서로에게 귀 기울일 용기를 내면, 놀랍게도 상대방도 한 인간임을 발견합니다. 인간일 뿐 아니라 주 안에서 형제자매이며, 또 합리적이기까지 합니다!

저는 국제 회의에서 이런 예를 수없이 많이 보았습니다. 복음 전도와 사회적 행동의 관계에 관한 어느 회의에 대해 말씀드리려 합니다. 교회의 사명은 오로지 복음 전도라고 믿는 이들과, 복음 전도와 사회적 행동 모두 교회의 사명이라 믿는 이들 사이에 격렬한 논쟁이 있었습니다. 아서 존스톤(Arthur Johnston)의 책 『세계 복음화를 위한 전쟁』(*The Battle for World Evangelism*)을 아시는 분들이 있을 것입니다. 책의 논지를 세 문장 정도로 요약할 수 있습니다. 첫 번째 논지는 1910년에 복음 전도를 향한 열정으로 세계교회협의회가 시작되었지만, 그 이후에는 점점 복음 전도의 동력을 잃었다는 내용입니다. 이 역사적 분석은 정확하고 유용합니다. 두 번째 논지는 로잔 운동이 같은 방향으로 가고 있다는 주장입니다. 로잔 운동도 성경을 자유주의적인 시각으로 보고 사회적 복음을 포용한다는 것입니다. 세 번째 논지는 문제의 원흉이 다름 아닌 스토트라는 사람이라는 것이었습니다.

지금은 아서 존스톤과 제가 좋은 친구지만, 당시 그는 그 책에 저를 반대하는 내용을 썼습니다. 그 후 저는 아서 존스톤에게 공개 편지를 썼고 편집자의 허가를 받아 「크리스채너티투데이」(*Christianity Today*)에 실었습니다. 둘 다 서로 반대하는 글을 썼습니다. 그러나 저는 나중에 아서 존스톤에게 편지를 써서, 직접 만나 그 주제를 두고 논의를 하자고 제안했습니다. 그와 저는 둘 다 기획 위원회에 속했는데, 두 가지 관점이 충분히 표현되었다고 확실히 인정했습니다.

우리가 그랜드래피즈에서 만났을 때 일어난 일입니다. 그곳에 도착했을 때, 일부 개요가 이미 유포되었음을 알고 거의 절망에 빠졌습니다. 의견 충돌은 아주 첨예했고 일부 문서에는 무례하고 과장된 비평도 있었습니다. 과연 의견 일치에 이를 수 있을까 하는 의문이 들었습니다.

첫 사흘 동안에는 사람들이 각자 마음에 품고 있던 확신을 털어놓아야 했기에 별 진전이 없었지만, 우리는 점점 서로에게 귀 기울이기 시작했습니다. 이 말을 주의 깊게 들으십시오. 우리는 상대방이 말하는 바에 귀 기울였을 뿐 아니라 그 말 배후에 있는 생각과 진정한 관심사, 정말로 지키려 애쓰는 것에도 귀 기울였습니다. 그리고 나서 놀랍게도 우리 역시 그것을 지키기 원한다는 사실을 발견했습니다. 우리가 정말로 서로 귀 기울이니 소망이 있었습니다. 그 결과는 복음 전도와 사회적 행동의 관계에 대한 문서였습니다. 그 문서에는 완벽한 의견 일치는 아니지만 실질적인 합의 내용이 표현되어 있습니다.

결정할 때의 존중

마지막으로 듣는 일에서 결정하는 일로 넘어가려 합니다. 이는 개인보다는 단체와 더 관련이 있습니다. 여기서도 그리스도인의 사고방식과 세상의 사고방식은 서로 다릅니다. 그런데 그리스도인들이 세상의 결정 방식을 받아들이는 것은 아주 당연시됩니다. 세상의 민주적 과정에서는 그저 다수결로 결정합니다. 51명이 찬성하고 50명이 반대해도 결정이 됩니다. 이와 동일한 방식으로 결정을 내리는 교회가 많습니다. 그러나 저는 성령께서 이것을 슬퍼하시리라 확신합니다. 단순한 다수결 방식은 성령을 신뢰하지 않는다는 표시이며 애석하게도 소수에 대한 존중이 없는 모습입니다. 성령께서는 진리와 사랑의 영이시므로 우리 그리스도인들은 반드시 실질적인 합의를 추구해야 합니다.

괜찮으시다면 한 가지 경험을 더 예로 들면서 마무리하려 합니다. 다시 15년에서 20년 전으로 돌아갑니다. 우리 교회 위원회는 매년 하루를 따로 떼어놓고 중요한 논의 사항들을 토의했습니다. 그해의 주요한 안건은 예배에서 현대어를 사용할 것인지에 대한 논의였습니다. 전통적 방식을 따라 하나님을 계속 'thee' 'thou'로 부를 것인가, 아니면 현대적 방식을 따라 'you'를 허용할 것인가 하는 문제였습니다. 개인적으로 저는 현대어로 옮겨 가야 한다고 확신했지만, 엘리자베스 여왕 시대 영어의 아름다움을 사랑하던 어르신들이 상당수 계셨습니다.

논쟁이 첨예했고 위원회는 거의 정확히 양분되어 있었습니다. 우리는 투표로 해결할 수도 있었지만 그런 방법을 사용하지 않기로 결정했습니다. 그날 저녁 저는 이렇게 말했습니다. "이 문제를 그대로 내버려 둡시다. 우리는 1년을 기다릴 겁니다. 이 문제에 대해 조금 더 생각하고 이를 놓고 기도해 봅시다. 여러분이 확신하는 바에 대해 제안서를 돌리고 싶으시면 자유롭게 그렇게 하셔도 됩니다."

그다음 해에 하루 일정의 회의에 가기 전, 서재를 떠나면서 주님께 드린 말씀이 아주 생생하게 기억납니다. "주님이 제게 (현대어를 사용할 수 있는) 저녁 예배 시간을 한 달에 한 번만 주시더라도, 저는 받아들이겠습니다." 우리는 더 논의했고, 진실을 말하건대 매주 저녁 예배에서 현대어를 사용하기로 만장일치로 결정했습니다. 그리고 다시 이전으로 돌아가지 않았습니다. 이 일 또한 저에게는, 서로 귀 기울이며 존중해야 하고, 성령께서 우리를 한마음으로 이끄시기를 기대할 뿐 아니라 그렇게 하시도록 그분께 시간을 드려야 한다는 원리에 대한 아주 멋진 예가 되었습니다.

4
/
권위

젊은 나이에
리더가 되는 법

우리는 우리의 권위를 분명히 해야 합니다.
성경을 주의 깊게 해석하는 일은 젊은 리더들에게 필수적입니다.
따라서 먼저 본을 보이고, 그다음에는 자신의 권위를 분명히 하십시오.

비교적 젊은 나이에 리더가 되는 일은 쉽지 않습니다. 제 자신이 젊다고 생각하지는 않지만, 젊은 시절은 큰 기쁨과 특권을 누리는 시기입니다. 젊은 사람은 강하고 에너지도 많습니다. 자신감과 열정도 있습니다. 젊다는 것은 멋진 일입니다. 그러나 동시에 젊다는 이유로 심히 좌절할 수도 있습니다. 나이 든 세대는 젊은이들을 항상 신뢰하지는 않습니다. 젊은이들을 아직도 어린애인 양 대하기도 합니다. 어른들은 젊은이들을 쉽게 성인으로 받아들이지 않을 뿐 아니라 리더로 받아들이기도 어려워합니다. 그러다 보니 젊은이들은 종종 짜증을 내거나 좌절합니다. 그들이 무엇을 할 수 있을까요?

함께 성경 본문을 공부하며 디모데서에서 교훈을 얻어 봅시다. 바울은 디모데전서 4장 11절부터 5장 2절에 이렇게 씁니다.

너는 이것들을 명하고 가르치라. 누구든지 네 연소함을 업신여기지 못하게 하고 오직 말과 행실과 사랑과 믿음과 정절에 있어서 믿는 자에게 본이 되어 내가 이를 때까지 읽는 것과 권하는 것과 가르치는 것에 전념하라. 네 속에 있는 은사 곧 장로의 회에서 안수받을 때에 예언을 통하여 받은 것을 가볍게 여기지 말며 이 모든 일에 전심전력하여 너의 성숙함을 모든 사람에게 나타나게 하라. 네가 네 자신과 가르침을 살펴 이 일을 계속하라. 이것을 행함으로 네 자신과 네게 듣는 자를 구원하리라.

늙은이를 꾸짖지 말고 권하되 아버지에게 하듯 하며 젊은이에게는 형제에게 하듯 하고 늙은 여자에게는 어머니에게 하듯 하며 젊은 여자에게는 온전히 깨끗함으로 자매에게 하듯 하라.

디모데전서 4장 11절과 12절을 다시 봅시다. "너는 이것들을 명하고 가르치라. 누구든지 네 연소함을 업신여기지 못하게 하고." 저는 이 두 절에 분명한 긴장이 있다고 생각합니다. 한편으로 디모데는 권위의 자리에 있었습니다. 그는 사도 바울의 대리인 혹은 고린도 지역의 대표자였으므로, 이것들을 명하고 가르치는 것이 그의 일이었습니다. 다시 말해, 그는 에베소 교회에서 사도 바울의 교리와 임무를 전해야 했기에 권위가 있었습니다.

다른 한편으로 디모데는 아직 비교적 젊은 남자였습니다. **젊음**에 해당하는 헬라어는 적어도 40세 이하인 사람들을 가리키는 데 사용되었습니다. 아마도 당시 디모데는 아직 30대였을 것이고 교회의 일부 장로들과 비교할 때 아주 젊었을 것 같습니다. 실제로 일부 장로들이 그를 젊다고 업신여기며 그의 사역을 거부할 위험이 있었습니다. 아마도 일부 장로들은 디모데가 윗자리에 선다는 사실에 분개했을 것입니다. 그저 젊다는 이유로 그의 권위를 거부했을지도 모르고 경험이 없다는 이유로 그의 사역을 거부했을지도 모릅니다.

혹시 여러분도 디모데와 같은 입장에 있을지도 모르겠습니다. 사람들이 젊은 리더들의 사역을 거부하거나 분개한다면 젊은 리더들은 어떻게 반응해야 할까요? 화나 분노는 적절한 대응이 아닙니다. 공격적이 되거나 스스로를 억압하는 것도 아닙니다. 바울은 헬라어에서 정반대의 뜻을 나타내는 접속사인 '도리어'(새번역)라고 말하며 대안을 제시합니다. J. B. 필립스(Phillips)가 이를 아주 잘 표현했습니다. "네가 어리다는 이유로 사람들이 너를 업신여기지 못하게 하라. 말과 행동으로, 사랑과 믿음과 진실함으로 그들에게 본을 보여 그들이 너를 존경하게 하라."

본을 보이라

바울은 디모데에게 여섯 가지 조언을 합니다. 첫 번째 조언은 **본을 보이라**는 것입니다. 디모데전서 4장 12절에서는 본이 되라고 말합니다. 디모데가 리더십을 인정받기 위해서는 좋은 본을 보여야 했습니다. 그들이 디모데의 삶을 흠모할 수 있다면 그의 젊음을 업신여기지 않을 것입니다. 본을 보이는 방식은 예수님이 세상에 들여오신 새로운 리더십 스타일입니다. 이는 독재 정치가 아니라 본을 보임으로 이끄는 리더십입니다. 우리는 권위를 의심받거나 위협당하거나 저항을 겪을 때 더 강하게 나가려는 유혹을 크게 받습니다. 하지만 그런 유혹에 저항해야 합니다.

디모데의 본이 얼마나 포괄적이어야 했는지 주목해 보십시오. 그는 말과 행실에서, 사랑과 믿음과 정절에서 본이 되어야 했습니다. 아마 가장 힘든 것은 하나님을 향한 믿음과 절제였을 것입니다. 나쁜 본으로 인한 비참한 결과나 좋은 본으로 인한 유익한 영향은 아무리 과장해도 지나치지 않을 것입니다. 따라서 젊은 리더에게 주는 첫 번째 조언은 이것입니다. 본을 보이십시오.

권위를 분명히 하라

두 번째 조언은 **권위를 분명히 하라**는 것입니다. 디모데전서 4장 13절에서 바울은 "내가 이를 때까지"라고 말합니다. 그는 이 말로 자신의 사도적 권위를 표현합니다. 바울이 몸소 에베소에 있을 때 바울은 권위를 행사했습니다. 그는 교리와 윤리를 가르치는 교사였습니다. 논쟁들을 해결하고, 사람들을 훈련시켰습니다. 그렇다면 문제는 바울이 없으면 어떻게 되는지였습니다. 사도가 아닌 디모데는 어떻게 행동해야 했을까요?

바울은 "내가 갈 때까지 성경을 읽는…일에 전념하십시오"(새번역)라고 조언합니다. 어떤 번역에서는 그저 "읽는…것에 전념하라"고 옮기지만, 읽는 것에 해당하는 '아나그노시스'(*anagnosis*)라는 헬라어 동사는 항상 탄원서나 유언장, 교단에서 무언가를 공개적으로 읽는 경우에 쓰입니다. 디모데는 어떤 문서를 공개적으로 읽어야 했을까요? 분명 구약성경이었을 것입니다. '아나그노시스'라는 단어는 에스라가 율법을 읽었을 때나 느헤미야 8장 8절에서 사용되었고, 예수님이 나사렛 회당에서 이사야서를 읽으셨을 때도 사용되었습니다. 회당의 예배에서는 언제나 율법과 예언서를 읽었습니다.

그러나 바울이 구약성경만을 가리킨 것이 아님은 분명합니다. 바울은 자신이 보낸 편지들과 다른 사도들이 보낸 편지들도 언급했을 것입니다. 다른 여러 곳에서 자신의 메시지가 공개적으로 읽혀야 한다고 직접적으로 말하기 때문입니다. 다음 구절들을 참고하십시오. 데살로니가전서 5장 27절에서는 "내가 주를 힘입어 너희를 명하노니 모든 형제에게 이 편지를 읽어 주라"고 말합니다. 골로새서 4장 16절에서는 "이 편지를 너희에게서 읽은 후에 라오디게아인의 교회에서도 읽게 하고 또 라오디게아로부터 오는 편지를 너희도 읽으라"고 말합니다. 요한계시록 1장 3절에서는 "이 예언의 말씀을 읽는…자는 복이 있나니"라고 말합니다. 그리스도인 모임에서는 두 가지 문서를 공개적으로 읽었을 것입니다. 회당에서처럼 율법과 예언서 두 가지가 아니라, 하나는 구약성경이고 다른 하나는 사도들의 편지와 회고록이었습니다. 물론 오늘날 교회에서 사용하는 구약성경과 신약성경은 여기에서 비롯된 것입니다. 각 지역 교회들은 자체적으로 이러한 권위 있는 기독교 글 모음집을 만들기 시작했습니다.

그러나 디모데가 해야 할 다른 일이 있었습니다. 그는 성경을 읽어야 할 뿐 아니라 그 성경을 권하고 가르쳐야 했습니다. 권하는 일과 가르치는 일은 문자적으로 권고와 지시인데 이미 회당에서 행해지던 관습이었습니다. 먼저 읽은 다음에 그에 대한 가르침과 권고를 전했고, 이는 그리스도인 모임에서 실천하는 것으로 이어졌습니다. 이것이 사도 바울이 없는 동안 디모데가 해야 할 일이었습니다. 우리에게도 사도가 없으니 우리도 성경을 읽을 때 똑같이 해야 합니다. 우리는 우리의 권위를 분명히 해야 합니다. 성경을 주의 깊게 해석하는 일은 젊은 리더들에게 필수적입니다. 따라서 먼저 본을 보이고, 그다음에는 자신의 권위를 분명히 하십시오.

은사를 발휘하라

세 번째 조언은 **은사를 발휘하라**는 것입니다. 바울은 디모데전서 4장 14절에서 "네 속에 있는 은사 곧 장로의 회에서 안수받을 때에 예언을 통하여 받은 것을 가볍게 여기지 말며"라고 말합니다. 여기서 가리키는 것은, 이를테면 디모데의 안수식인 것 같습니다. 그때 장로들은 디모데에게 손을 얹었으며 그에게는 예언하는 직무가 주어졌습니다. 이와 동시에 디모데에게 영적 은사, 헬라어로는 '카리스마'(*charisma*)가 주어졌습니다. 바울은 그 '카리스마'가 무엇이었는지 말하지 않지만, 분명 안수식에서 받는 은사, 아마 설교 권한과 동시에 설교자로 구비시키는 성령의 능력이었을 것 같습니다. 디모데는 사역을 위한 이 은사를 가볍게 여기지 않고 바울이 디모데후서 1장 6절에서 썼듯이 불붙여야 했습니다.

이렇듯 디모데는 하나님이 그를 그분의 사역에 부르시고 이를 위한 은사를 주셨음을 기억해야 했습니다. 또 교회가 디모데의 부르심과 안수를 통해 주어진 은사를 인정했음도 기억해야 했습니다. 디모데가 그 은사를 발휘하여 사역을 한다면 사람들은 그의 연소함을 업신여기지 않을 것입니다. 영적 은사는 모두 사역을 위한 은사입니다. 사람들이 우리의 은사를 볼 수 있다면 우리의 사역을 거부하지 않을 것입니다. 하나님이 그 사역을 위해 우리에게 은사를 주셨음을 인정할 수밖에 없기 때문입니다.

발전하는 모습을 나누라

네 번째 조언은 **발전하는 모습을 나누라**는 것입니다. 바울은 디모데전서 4장 15절에서 "이 모든 일에 전심전력하여 너의 성숙함을 모든 사람에게 나타나게 하라"고 말합니다. 지금까지 바울은 디모데에게 본, 권위, 위임, 은사를 언급했습니다. 그리고 이제 이렇게 말합니다. "이 모든 일에 전심전력하라. 그 일에 전적으로 매달리라. 그렇게 한다면 사람들이 네가 발전하는 모습을 볼 수 있기 때문이다."

디모데는 성실해야 할 뿐 아니라 사역에서 발전하는 모습을 보여 주어야 했습니다. 그의 영성과 사역은 성장해야 했습니다. 사람들은 그가 어떤 사람인지만이 아니라 어떤 사람이 되어 가는지 보아야 했습니다. 저는 이것이 젊은 리더들에게 아주 중요하다고 생각합니다. 때때로 사람들은 리더를 받들어 모시면서 리더가 완벽하다고 여기기 때문입니다. 그러나 이는 그 자체로 정직하지 못한 것이며 다른 사람들을 심히 낙담시킵니다. 대신 우리는 "내가 이미 얻었다 함도 아니요 온전히 이루었다 함도 아니라"(빌 3:12)는 바울의 말을 따라야 합니다. 그렇게 발전하고 있음을 드러나게 하십시오.

일관성에 신경 쓰라

이제 다섯 번째 조언은 **일관성에 신경 쓰라**는 것입니다. 바울은 디모데전서 4장 16절에서 "네가 네 자신과 가르침을 살펴 이 일을 계속하라. 이것을 행함으로 네 자신과 네게 듣는 자를 구원하리라"고 말합니다. 중요한 것은 바울이 삶과 가르침을 연결시킨다는 점입니다. 말 그대로 그는 자기 자신과 자신의 가르침 모두에 세심한 주의를 기울였음에 틀림없습니다. 그 조합이 중요합니다. 그는 다른 사람을 가르칠 때 자신을 무시하지 않았고, 자신에게 관심을 기울일 때 다른 사람을 무시하지도 않았습니다. 그는 설교한 대로 실천하려 했고 그 가르침을 자신과 다른 사람들에게 동등하게 적용하려 했습니다. 균형 잡힌 그리스도인 리더십에는 이 두 가지를 모두 꾸준히 하는 것이 필요합니다.

이렇게 한다면 우리는 우리 자신과 다른 사람들을 모두 구원할 것입니다. 바울이 이성을 잃고 스스로 얻는 구원을 전하는 것이 아닙니다. 그는 단지 행함 없는 믿음은 죽은 것이며 설교한 대로 실천하지 않는다면 다른 사람을 가르치는 일이 아무 소용도 없음을 우리에게 경고하고 있습니다.

관계에 따라 적합하게 행동하라

여섯 번째 조언은 **관계에 따라 적합하게 행동하라**는 것입니다. 디모데전서 5장 1-2절을 증거로 삼아서 유추하면, 디모데가 담당한 회중은 여러 계층이 섞여 있었음이 분명합니다. 성별로는 남성과 여성이, 나이로는 노인과 젊은이가 섞여 있었습니다. 그러므로 디모데는 사람들의 나이와 성별에 따라 다른 태도로 다가가야 했습니다. 먼저 노인을 살펴봅시다. 디모데는 자신보다 나이가 훨씬 많은 사람들을 책망해야 했던 것 같습니다. 그렇게 할 때 그는 힐책이 아니라 간곡한 권고 형태로 해야 했습니다. "늙은이를 꾸짖지 말고 권하되 아버지에게 하듯 하며." 연장자들은 나이에 합당한 존중을 받아야 하며 우리는 부모님께 드려야 하는 애정을 그분들에게 드려야 합니다. 다시 말해, 디모데는 나이 든 남자는 아버지처럼, 나이 든 여자는 어머니처럼 대해야 했습니다.

저는 종종 '엉클 존'이라 불리는데, 이는 신학적으로 타당한 이유가 있습니다. 제가 보기에 충분한 성경적 근거가 있습니다. 저는 그리스도인 공동체에서 세대 차이를 인정해야 한다고 진심으로 믿습니다. 간혹 런던의 학생들이 저를 '존'이라 부르곤 합니다. 제가 그들이 누구인지 전혀 모를 때에도, 또 제가 그들의 아버지 혹은 어떤 경우는 그들의 할아버지보다 나이가 많을 때에도 말입니다! 이는 자연스럽지 않다고 생각합니다. 물론 문화적인 차이는 인정하지만, 아프리카와 아시아 문화권에서 젊은이들은 나이 든 사람의 이름을 부르는 것은 꿈도 꾸지 못하고 늘 '아저씨'라 부릅니다.

그다음, 디모데 자신의 세대에 대해 이야기해 봅시다. 그는 젊은 청년들은 형제로 대해야 했습니다. 이는 그들을 사랑하고, 깔보는 투로 말하지 않는 것을 의미합니다. 또 젊은 여성들은 자매로 대해야 했습니다. 이는 그들 역시 사랑하지만 온전히 순결한 마음으로 사랑하며, 부도덕을 피하는 합당한 예방 조치를 취하는 것을 말합니다.

이렇듯 지역 교회는 하나의 가정입니다. 지역 교회에는 아버지와 어머니들, 형제와 자매들이 있습니다. 젊은 그리스도인 리더들은 이러한 차이에 민감해야 합니다. 모든 사람을 동일하게 대하지 말고 연로한 어른에게는 존경으로, 자신의 세대에게는 동등하게, 다른 성별의 사람에게는 절제와 자애로 대하며, 모든 성별, 모든 연령의 사람을 그리스도인 가정을 하나로 묶는 사랑으로 대해야 합니다.

이제 이 여섯 가지 조언을 정리해 보겠습니다. 여기에는 젊은 리더를 위한 실제적인 지혜가 많이 담겨 있습니다. 첫째, 신자들에게 좋은 본이 되십시오. 둘째, 성경을 읽고 자세히 설명함으로 권위를 분명히 하십시오. 셋째, 사람들이 하나님의 부르심과 구비하심의 증거를 볼 수 있도록 은사를 발휘하십시오. 넷째, 리더의 영적인 성장이 모든 사람에게 분명히 드러나도록 발전하는 모습을 보이십시오. 다섯째, 가르침과 행위가 양분되지 않도록 일관성에 신경 쓰십시오. 여섯째, 교회의 가족들을 나이와 성별에 따라 적절히 대하며 관계에 따라 알맞게 행동하십시오.

젊은 리더들이 사도의 이 지침을 따른다면, 젊은 나이로 인해 업신여김을 당하거나 사역이 거부당하지 않으면서 디모데전서 4장 11절에서 말하는 대로 성경에 따라 명하고 가르칠 수 있을 것입니다.

그리스도인 리더는 책임과 섬김의 직무를 감당하기 위해 하나님의 위임을 받은 사람들입니다. 하지만 모든 리더가 압박과 갈등에 직면합니다. 사탄이 복음과 복음을 선포하는 이들에 맞서 영적 전투를 벌이기 때문입니다. 그러나 그리스도인 리더는 주님이 자신을 훈련시키시고 성장시키시며 자신과 동행하심을 압니다. 우리가 주님의 가르침에 주의를 기울이는 법을 배우고 그분의 명령에 순종하며 그분의 발자취를 따른다면, 우리의 짐은 가벼울 것이고 기쁘게 우리의 사명을 성취할 수 있을 것입니다.

5 / 두 명의 디모데

마크 래버튼과
코리 위드머

존이 알고 또 섬기던 세상은 어느 한 교구 정도가 아니었습니다.
복음은 개인적이지만 사적인 것이 아니었고,
복음의 특수성이란 보편성을 위한 것이었습니다.
…
"십자가의 편만한 영향력"은 『그리스도의 십자가』의 결론 제목입니다.
그리고 이는 그의 생애의 결론이 될 수 있었습니다.

마크 래버튼(Mark Labberton)과 코리 위드머(Corey Widmer)는 존 스토트의 수많은 '디모데' 중 두 명입니다. 이어지는 내용은 크리스토퍼 라이트(Christopher J. H. Wright)가 편집한 『존 스토트, 우리의 친구: 우리 시대 최고의 복음주의자를 기리는 44인의 회고록』(*Portraits of a Radical Disciple: Recollections of John Stott's Life and Ministry*, IVP)에서 발췌한 것입니다.

카펫 위에서 한 설교(마크 래버튼)*

제가 들었던 존 스토트의 설교 중 가장 기억에 남는 것은,

---

* 마크 래버튼은 존 스토트의 초기 조교 중 하나였습니다. 이후 그는 캘리포니아 버클리의 제일장로교회 담임 목사가 되었습니다. 미국에서 존 스토트 사역 위원회 이사로 섬겼으며, 지금은 캘리포니아 패서디나의 풀러 신학교 총장으로 있습니다.

올 소울즈 교회나 아시아, 아프리카, 남미에서 열린 대규모 집회 또는 어떤 교회나 신학교에서 했던 설교가 아닙니다. 존 스토트는 강대상도 없는 진흙땅, 존경의 뜻으로 가져온 조그만 카펫 조각 위에 서서, 몇 안 되는 사람을 두고 말씀을 전한 적이 있습니다. 그들은 작은 화덕, 검게 그을린 냄비, 소박한 집으로 둘러싸인 칙칙하고 다 허물어져 가는 마당에 모여 있었습니다.

존 스토트는 미얀마에서 사역하던 어느 영국 성공회 사제의 부탁을 받아 이 설교를 자원했습니다. 그 사제는 이렇게 써 보냈습니다. "다음번에 인도 타밀나두에 가시면 제 노모를 심방해 줄 수 있으신지요?" 그 사제는 어머니와 아주 멀리 떨어진 곳에서 사역을 하고 있었는데, 그의 어머니가 그리 오래 사시지 못할 것 같았기에 자신이 가서 뵙기 전에 존에게 어머니를 방문해 달라고 부탁했습니다. 그 사제는 더 동기 부여를 하기 위해서였는지, 자신의 어머니가 가난하고 건강이 점점 나빠지고 있으며 "치아가 하나씩 빠져 가신다"고 덧붙였습니다.

그러고 나서 존 스토트가 그 다음번에 타밀나두를 방문했을 때였습니다. 사실 존은 정확한 집 주소가 아니라 인근 지명 정도밖에 알지 못했지만 저를 데리고 그 노모를 찾기 시작했습니다. 두 시간가량 다양한 판잣집과 건물을 두루 찾아 다닌 결과, 드디어 노모의 집 앞에 도착했습니다. 그 어두운 곳에서 노모가 나왔습니다. 치아는 거의 다 빠진 채 노쇠한 모습이었지만, 기뻐서 눈물을 흘리며 미소를 짓고 있었습니다. 그리고 존의 발 앞에 무릎을 꿇고 입을 맞추었습니다. 그런 다음 존은 그녀와 몇 분간 통역을 통해 대화를 나누었습니다. 노모는 축복의 말을 청했습니다. 존이 수락하자 카펫이 깔렸고 존은 기도한 후에 짤막하게 설교했습니다.

본문은 요한복음 3장 16절이었습니다. 말씀은 단순하고 선명했습니다. 그리고 긍휼 어린 마음과 위엄이 담긴 어조였으며 확신하는 바를 인격적이고 부드럽게 전했습니다. 보통 스포트라이트를 받으며 광범위한 종족과 언어와 국가를 가로지르는 수백 수천의 청중 앞에서 지적인 엄격함과 구령으로 설교하던 바로 그 사람이, 그때는 한 여성과 몇 안 되는 이웃을 앞에 두고 어둠 가운데서 설교를 하고 있었습니다.

저는 당시 연구 조교로 인도와 방글라데시 일정 동안

존과 함께하면서 아주 유명한 설교자 존 스토트와 거의 눈에 띄지 않는 목회자 존 스토트의 모습을 함께 보는 특권을 누렸습니다. 당시에도 지금도 가장 인상적인 것은 각 역할에 대한 존 스토트의 일관성, 그리고 두 가지 모습에서 모두 드러나는 그리스도를 향한 신실함이었습니다. 존은 그저 자신의 이웃, 즉 미얀마에서 사역하던 사제를 사랑하기 위해, 인도에 사는 과부인 그의 어머니를 섬겼습니다. 거기서 존이 한 일은 단순한 요청을 들어준 것뿐이었습니다. 그러나 그렇게 하는 데는 개인적인 끈기가 필요했습니다. 이는 동일한 주님을 섬기는 동일한 사람으로서 무리를 떠나오는 것을 의미했습니다.

제가 처음으로 존 스토트를 만난 것은, 23살에 IVCF 어바나 학생 선교 대회에 참석했을 때였습니다. 그 주간에 가장 매력적이었던 시간은 존이 인도한 질의응답 시간이었습니다. 어바나에 모인 수천 명 중에서 수백 명이 이 편안한 질의응답 시간에 모였습니다. 저는 존의 겸손하고 명쾌한 응답, 그의 성경 지식, 자신을 내세우지 않는 유머에 깊은 감동을 받았습니다.

어느 시점에, 한 신학생이 다음절로 된 여러 신학 용어를 사용하여 아주 길고 전문적인 질문을 했습니다. 존은 먼저 그 청년에게 사용한 단어를 각각 정의하고, 그다음에 조금 더 간단하게 다시 질문해 달라고 요청했습니다. 솔직히 그것은 그 신학생에게는 곤란하고 집요한, 아마도 다소 당혹스러울 요구였을 것입니다. 그러나 그 학생이 요청받은 대로 하고 나자 존은 그 질문에 간단하고 명쾌하게 대답했습니다. 당시 저는 존 스토트를 처음 만났지만, 나중에 제가 그에 대해 알게 된 모습이 이 대화에서도 드러나 있었습니다. 선명함을 추구하고 이성을 신뢰하며 역량을 기대하는 모습 말입니다. 존은 다른 사람 안에 있는 이러한 덕목을 격려할 때도 이를 몸소 드러내 보였습니다.

존의 능력과 역량도 인상적이었지만, 그보다 저를 더욱 감동시키고 호기심을 불러일으킨 것은 그의 성품이었습니다. 이 사람은 어떤 사람일까? 그는 겉으로 보이는 것과 똑같은 사람일까? 어떻게 그런 사람이 되었을까? 몇 년 후에 인도의 그 어두침침한 마당에 서 있을 때, 저는 어바나에서 나누던 질의응답 시간을 돌이켜 보았습니다. 존 스토트가 보여 준 삶과 사역의 통합성은 무대 위에서뿐 아니라 무대 뒤에서도 명백했습니다. 공적으로 표현되는 겸손하고 진심 어린 헌신은 사적으로도 분명히 나타났습니다. 존은 주님 한 분을 섬기는 하나의 삶을 살려 했습니다.

존의 조교로 일하던 당시 저는 젊은 그리스도인이었고 신학교를 갓 졸업했을 뿐이었습니다. 하지만 하나님이 사역을 위한 은사를 주신다고 해도 더 큰 영향력은 성품, 즉 성령의 열매에서 온다는 것을 이미 분명히 알고 있었습니다. 카리스마, 사람들의 마음을 끄는 매력, 인기, 멋진 외모, 영리함은 중요할 수 있습니다. 실제로 상당히 중요할 수 있습니다. 그러나 끈기 있게 하나님만을 증언하게 해 주는 힘은, 단순히 대중 앞에서 보이는 역량 그 너머에서 나옵니다. 더 위대한 증언은 다른 방법으로는 설명되지 않는 성품에서 옵니다. 바로 이것이 사람들을 예수님께로 이끕니다. 그리고 바로 이것이야말로 예수님의 제자들에게 참으로 드러나야 하는 것입니다.

존 스토트의 여러 설교 중에서도 카펫 위에서 한 설교가 가장 기억에 남는 까닭은, 그 설교야말로 그의 삶이었기 때문입니다. 그는 영적인 은사 덕분에 인도로 가서 일련의 강의를 하고 중요한 리더들과 함께 중요한 이야기를 했을 것입니다. 그러나 그가 그 어두운 마당에 찾아간 것은 그의 성품 때문이었습니다. 그가 했던 설교가 중요한 까닭은 학위나 업적이나 명예 때문이 아니었습니다. 그가 주님의 선하심을 맛보았으며 그에게는 그리스도 안에 있는 어느 나이 든 자매와 나눌 복음이 있었기 때문입니다. 그 여인은 그 격려를 누릴 수 있었습니다. 존의 삶과 이 여인의 삶의 환경은 전혀 달랐습니다. 그러나 그들이 공통으로 붙들고 있었던 것이 더 중요했으며, 두 사람 모두 그것을 알았습니다.

존 스토트를 알아 온 30여 년 동안, 저는 그를 면밀하게 주시해 왔습니다. 멘토라면 종종 겪어야 하는 일이지요. 저는 동의하는 지점과 동의하지 않는 지점을 두고, 선택한 것과 선택하지 않은 것을 두고, 우리의 태도나 경험, 문화, 세대 차이를 두고 내적으로 씨름했습니다. 저는 존처럼 인간의 이성에 대해 확신하지 않습니다. 자기 훈련 면에서도 그와 같이 엄격한 헌신을 하고 있지는 않습니다. 제 영적 렌즈는 존의 렌즈만큼 선명하지 않습니다. 지금 이 모든 것은 굳이 분열될 필요가 없는 단순한 차이로 보입니다. 다른 무엇보다 제가 존에게 아직도 끌리는 것은 그의 삶이 품은 향기 때문입니다. 존은 예수 그리스도의 사랑을 중심에 두고 그 안에서 성숙하여 하나님의 영광이라는 열매를 맺으며 살았습니다. 존에게 감동을 받을수록 우리 관계는 더욱 더 깊어졌습니다.

제가 처음 기독교 신앙을 갖고 심히 두려워했던 까닭은, 기독교가 삶을 더 키우기보다는 더 작아지게 할 것 같아서였습니다. 사랑도 덜하고, 기쁨도 덜하고, 창의성도 덜하고, 경이로움도 덜하고, 참여도 덜할 것 같았습니다. 실제로 그렇게 사는 듯한 목사님도 몇 분을 만났습니다. 그러나 젊은 대학생 시절 그리스도를 믿게 되었을 때, 예수님은 작음에서 우리를 구원하셨음을 깨달았습니다.

타밀나두에서 이것이 떠올랐습니다. 그날 존이 설교하는 동안, 저는 태어나고 자란 곳에서 아주 멀리 떨어져 있었습니다. 그때 저는 우주적이고 세계적인 복음의 비전을 품은 한 목회자를 위해, 예수님의 제자가 되는 것이란 지혜와 사랑, 겸손과 소망으로 성숙해 가는 것임을 성품과 행동으로 보여 준 한 목회자를 위해 일하고 있었습니다. 존이 알고 또 섬기던 세상은 어느 한 교구 정도가 아니었습니다. 복음은 개인적이지만 사적인 것이 아니었고, 복음의 특수성이란 보편성을 위한 것이었습니다.

존 스토트는 제3세계를 비인격적인 대상이 아닌 가족으로 소개했습니다. 그의 마음은 상류계급이던 그의 가정과 엘리트 교육 훨씬 너머로 나아가 있었습니다. 그는 전 세계 형제자매들의 활기찬 믿음과 능력을 매일 생생하게 인식했습니다. 그래서 매일 거대한 대가족과 함께 있는 자로서 기도하며 거대한 규모와 긴급한 일들에 대해 더욱 촉각을 기울였습니다. 저는 저와 똑같이 예수 그리스도를 마음 중심에 모신 여러 지역과 문화에서 온 사람들과 교제를 나누었습니다. 우리의 형제 존 스토트 덕분에 마음과 생각이 주님을 향해 자라났습니다.

존 스토트가 타밀나두에서 한 설교를 통해 가르쳐 준 것은 지난 30년 동안 그의 삶을 통해 가르쳐 준 것과 같았습니다. 하나님은 세상을 너무 사랑하셔서 하나님의 아들이라는 선물로 우리의 마음과 삶을 다시 정돈하시고 확장시키십니다. 우리 주님이시요 구세주이신 예수 그리스도의 복음만이 하나님을 아는 지식을 강화시키고 확장시키며, 그리스도 안에 있는 다양한 형제자매들과 이 땅에 사는 모든 이웃들이 다 소중하다는 인식을 강화시키고 확장시킵니다. 우리를 사랑하시는 하나님은, 세상의 변화와 하나님의 영광을 위해 이 사랑을 보여 주고 선포하도록 우리를 하나님이 원하시는 곳으로 데려가십니다. 존이 그 마당의 카펫 위에 서 있던 그날 저는 분명히 알았습니다. 존 스토트는 그저 자기 자신, 즉 예수님의 형상으로 새로워졌고 새로워지는 새로운 자아가 되었다는 사실입니다.

무엇보다도 십자가에 매달리라(코리 위드머) *

엉클 존의 조교로 섬기던 3년간 수많은 기억들이 있지만, 두 가지 일화가 가장 생각납니다. 하나는 우리가 아주 단조로운 일상생활을 함께하고 겨우 몇 달이 지났을 무렵에 있었던 일입니다. 저는 매일 아침 11시 정각에 그에게 커피를 가져다 드리곤 했습니다. 그러면 그는 책상 위의 편지나 문서를 보느라 몸을 웅크리고 그 앞에 있는 일에 사로잡혀 눈앞에 일어나는 어떤 일에 비할 데 없이 집중력을 발휘하고 있었습니다. 저는 방해하고 싶지 않아서 조용히 커피잔을 그의 오른손 가까이에 두었는데, 그러면 그는 가끔 들

---

* 코리 위드머는 1999년부터 2002년까지 존 스토트의 연구 조교였습니다. 그는 미국 버지니아, 리치몬드의 제3장로교회에서 사회봉사 담당 부목사로 사역했고, 2008년 이후에는 다민족 공동체인 이스트 엔드 공동체 협동 목사로 있습니다.

릴 듯 말 듯 감사의 말을 중얼거리곤 했습니다. "저는 이럴 만한 자격이 없어요."

처음에는 그 말이 재미있다고 생각했지만 몇 달 후에는 조금 불편해지기 시작했습니다. 어떻게 인스턴트커피 한 잔 받을 자격이 없다고 말할 수 있을까? 어느 날 아침, 저는 다소 무례하게도 엉클 존이 늘 하던 대로 "저는 이럴 만한 자격이 없어요"라고 중얼거렸을 때 바로 되받아서 "충분히 자격이 있으시죠"라고 말했습니다.

엉클 존은 하던 일을 멈추었고 강력한 자석같이 문서를 향해 쏟던 집중력이 느슨해졌습니다. 그는 천천히 눈을 들어, 아주 진지한 눈빛이었지만 또한 소년 같은 장난기를 담아 대답했습니다. "은혜의 신학을 올바르게 이해하지 못했군요." 저는 어색하게 활짝 웃고는 대답했습니다. "커피 한 잔일 뿐이에요." 그런 다음 돌아서서 부엌 쪽으로 가는데, 그가 이렇게 중얼거리는 소리가 들렸습니다. "그것이 정말 중대한 일의 시작점이지요."

그 마지막 답변이 어떤 의미인지 이해하는 데 며칠이 걸렸습니다. 그에 대해 다시 거론한 적은 없지만 그가 의미한 바가 이런 것이라 확신합니다. 예수 그리스도에 대한 헌신과 그분의 은혜에 대한 이해가 일상생활의 작은 부분들, 즉 '쐐기의 가느다란 끝'에 영향을 미치지 못한다면 우리는 통합된 삶을 살아가지 못하는 셈입니다. 그리스도에 대한 헌신은 가장 하찮아 보이는 순간에 가장 멋지게 표현될 것입니다.

엉클 존은 언제나 '온전한 삶의 제자도'를 이야기하기를 즐겼습니다. 다시 말해 예수 그리스도의 포괄적인 주되심이 그리스도인의 삶 전 영역으로 확장되는 것이 그의 관심사였습니다. 이는 종종 '영적인' 삶과 '세속적인' 헌신이나 상호작용을 분리하는, '성-속'의 분리에 다리를 놓는 것이었습니다.

저는 엉클 존이 그렇게 헌신하는 모습이 그의 일상생활에서도 나타나는 것을 보았습니다. 검소한 생활 방식을 밀고 나가는 모습, 물리적·물질적 환경에 관심을 갖는 모습, 택시 기사와 웨이터, 호텔 안내원 또는 길에서 만나는 여러 다양한 사람들과 상호작용하는 모습, 또 무엇보다도 매일 프랜시스나 저와 온화하고 쾌활하게 지내는 모습에서 말입니다. 엉클 존은 진실로 '통합된' 그리스도인이었으며 복음의 은혜가 그의 삶이라는 쐐기의 가장 가느다란 끝에도 스며 있었습니다.

두 번째 일화는 전혀 다른 장소, 즉 더우면서도 상쾌한 인도 타밀나두와 관련이 있습니다. 우리는 2002년에 설교 콘퍼런스 때문에 그곳에 갔습니다. 그런데 어느 날 오후, 새를 관찰하던 엉클 존이 시멘트로 된 턱에 심하게 넘어지는 바람에 오른쪽 다리가 찢어졌습니다. 그다지 위험하지 않은 상처로 보였는데(젊은 사람이라면 자연적으로 치유되는 상처), 금세 상처가 쓰리게 부풀어 오르고 감염되어, 시간이 갈수록 악화되기 시작했습니다. 이틀에 걸쳐 몇몇 다른 병원에 찾아가 적어도 세 명의 다른 의사를 만났지만, 상처가 악화되는 것을 막지 못하는 것 같았습니다. 결국 런던에 돌아가 있던 엉클 존의 심장병 전문의에게 연락을 취했습니다. 그는 심히 우려하는 목소리로, 그의 심장 상태를 고려하면 아주 심각한 상황이라고 경고했습니다. 또한 상태가 즉시 개선되지 않으면 가능한 한 빨리 런던으로 돌아와야 한다고 주장했습니다.

그날 늦게 저는 엉클 존과 함께 숙소에 가서 그 주치의의 염려를 전했습니다. 그와 이야기를 나눈 어느 때보다 엄숙한 순간이었습니다. 실제로 심각한 감염과 패혈증의 가능성을 고려할 때, 이는 생의 마지막이 될 가능성도 있음을 우리 모두 감지했습니다. 이러한 사실과 그가 겪던 고통에도 불구하고, 늘 그랬듯이 그는 여전히 명랑하고 기분이 좋았습니다. 그는 거의 함께하는 마지막 시간이 될 것이라 인지한 것처럼 제 미래에 대해, 목사가 되고 싶어 하는 제 마음에 대해, 목회 사역에서 가장 필수적인 영역이라 여기는 것에 대해 이야기하기 시작했습니다. 그 귀중한 순간에 나누었던 이야기에서 다른 무엇보다 마음에 남은 조언 하나가 있습니다. 그는 "무엇보다도 십자가에 매달리라"고 했습니다.

『그리스도의 십자가』(*The Cross of Christ*, IVP)는 그가 가장 중요하게 여기는 책이자 다른 어떤 책보다 많이 헌신한 책으로, 다른 무엇보다 중요한 주제이며 그가 다시금 돌아가는 주제였습니다. 그는 정말 문자 그대로, '인생의 구절'이라 칭하는 갈라디아서 6장 14절에서 바울이 한 요청, 즉 십자가에 '사로잡히라'는 요청을 붙잡았습니다. 엉클 존이 이를 직접적으로 말하지 않았을 때에도, 십자가 중심성은 그의 삶과 사역 아래로 흐르는 깊은 지하의 저류처럼, 윤리적·신학적·목회적 이슈들에 대한 그의 사유에 상당한 영향을 미치고 그 사유를 이끌었습니다. "십자가의 편만한 영향력"은 『그리스도의 십자가』의 결론 제목입니다. 그리고 이는 그의 생애의 결론이 될 수 있었습니다.

감사하게도 엉클 존의 다리는 회복되었고, 인도의 그 사건 이후에도 사역할 수 있는 시간이 몇 년 더 있었습니다. 이미 밝혀졌듯이 그 말은 저를 향해 남긴 마지막 말은 아니었습니다. 그러나 제게는 그 말이 그 어떤 말보다 오래 남아 있습니다.

부록

존 스토트의
사역, 리더십, 섬김

가장 우선하는 것

모든 그리스도인 사역자가 가장 염두에 두어야 할 것은 그들이 사람들 '위에'(사람들의 주인은 전혀 아니며 그들의 지도자도 아니고) 있기보다는 사람들의 '아래에'(사람들의 종으로서) 있다는 사실이다. 예수님은 이를 아주 분명하게 말씀하셨다. 그분은 그리스도인 지도자의 주된 특징이 권위가 아니라 겸손이며 권세가 아니라 온유함이라고 역설하셨다.

『BST 데살로니가전후서 강해』(IVP) 중에서

참된 모델

'사역'은 '섬김'—비천하고 낮은 섬김—을 의미한다. 그러므로 이를 자랑할 일로 변질시키는 것은 대단히 부당한 일이다. 예수님은 '지배'와 '섬김', '권위'와 '사역'을 확실하게 구분하셨으며, 지배와 권위는 이교도들의 특징이지만 예수님의 제자들의 특징은 섬김과 사역이 되어야 한다고 덧붙이셨다. "이방인의 소위 집권자들이 저희를 임의로 주관하고 그 대인들이 저희에게 권세를 부리는 줄을 너희가 알거니와 너희 중에는 그렇지 아니하니 너희 중에 누구든지 크고

자 하는 자는 너희를 섬기는 자가 되고 너희 중에 누구든지 으뜸이 되고자 하는 자는 모든 사람의 종이 되어야 하리라. 인자의 온 것은 섬김을 받으려 함이 아니라 도리어 섬기려 하고 자기 목숨을 많은 사람의 대속물로 주려 함이니라"(막 10:42-45). 그러므로 그리스도인 사역자는 주인이 되기를 더 좋아하는 이방인(혹은 바리새인)이 아니라 섬기러 오신 그리스도를 자신의 모델로 삼아야 한다.

『논쟁자 그리스도』(성서유니온) 중에서

지도력과 지배권

지도력(leadership)과 지배권(lordship)은 성질이 전혀 다른 별개의 것이다. 그리스도인은 힘이 아니라 모범으로 이끌며, 사람들이 따라가도록 초대하는 모델이 되어야지 그것을 강요하는 우두머리가 되어서는 안 된다.

『BST 디모데전서·디도서 강해』(IVP) 중에서

관리인과 사자

바울은 자신의 메시지가 하나님으로부터 온 것이며, '그의' 복음이 실제로 '하나님'의 복음이라고 확신했다. 그가 복음을 만들어 낸 것이 아니었다. 바울은 복음을 위탁받은 청지기일 뿐이며, 복음을 선포하도록 위임받은 사자(使者)일 뿐이다. 그는 무엇보다도 신실해야 한다.

이와 같이 모든 진정한 그리스도인의 사역은 우리가 관리인과 사자로서 하나님의 말씀을 다루도록 부르심을 받았다는 확신과 더불어 시작된다. 우리는 '하나님으로부터 온 좋은 소식'에 대한 대체물로서 '하나님에 대한 풍문'에 만족해서는 안 된다. 왜냐하면 칼뱅이 말했듯이 "복음은… 추측과는 하늘과 땅만큼이나 거리가 멀기"* 때문이다. 물론 우리는 바울과 같은 의미에서 그리스도의 사도는 아니다. 그러나 신약에 사도들의 가르침이 보존되었으며, 이제 완성된 형태로 우리에게 전해 내려오고 있다는 것을 믿는다. 그러므로 우리는 이 사도적 믿음—하나님의 말씀이며 이를 믿는 자 안에서 강력하게 역사하는—을 위탁받은 사

---

* John Calvin, *The Epistles of Paul the Apostle to the Romans and to the Thessalonians*, tr. Ross Mackenzie (Oliver and Boyd, 1961), p. 347.

람들이다. 우리의 임무는 그것을 간직하고 연구하면서 해설하고 적용하며 순종하는 것이다.

『BST 데살로니가전후서 강해』(IVP) 중에서

목회적 감독의 시작

비록 신약에서 어떤 고정된 성직 서열이 규정되지는 않았지만, 어떤 형태의 목회적 감독(*episkopē*)―분명 지역의 필요에 맞게 조절된―은 교회의 복지에 필수 불가결한 것으로 간주되었다. 그것이 지역적이었고 복수적이었음을 알게 되었다. 곧 장로들이 외부에서 유입되는 것이 아니라 회중 내에서 선택된다는 점에서 지역적이었으며, '한 교회에 한 목사'라는 현대의 익숙한 유형이 당시에는 알려져 있지 않았다는 점에서 복수적이다. 그 대신에 각 교회에는 목회 팀이 있었는데, 그 안에는 아마도 (교회의 규모에 따라) 전임 목회자와 시간제 목회자, 보수를 받는 직원과 자원 봉사자, 장로, 집사, 여집사가 포함되었을 것이다. 바울은 후에 글을 쓰면서 그들의 자격을 규정했다(딤전 3장; 딛 1장). 이 자격들은 대부분 도덕적 정직성에 대한 것이다. 그러나 사도들의 가르침에 충실한 것과 그것을 가르치는 은사 역시 매우 중요했다(딛 1:9; 딤전 3:2). 이처럼 목자는 그리스도의 양들을 먹임으로 그 양들을 보살필 것이다. 다시 말해 그들을 가르침으로써 돌볼 것이다.

『BST 사도행전 강해』(IVP) 중에서

기독교 목사

목사는 일차적으로 교사이다. 그렇기 때문에 목회 서신서에서는 감독 직분을 위한 두 가지 자격 조건을 지적하고 있다. 첫째로, 후보자는 '가르치기를 잘' 해야 한다(딤전 3:2). 둘째로, 그는 "미쁜 말씀의 가르침을 그대로 지켜야 하리니 이는 능히 바른 교훈으로 권면하고 거슬러 말하는 자들을 책망하게 하려 함이[다]"(딛 1:9). 이 두 가지 자격 조건은 서로 결합되어 있다. 목사들은 사도들의 가르침(*didachē*)에 충성해야 하며, 또한 그것을 가르치는(*didaktikos*) 은사를 가지고 있어야 한다. 그리고 그들이 무리를 가르치든 회중을 가르치든, 집단을 가르치든 개인을 가르치든(예수님은 이 모든 상황에서 가르치셨다), 그들의 목회 사역을 구분시켜 주는 것은 그것이 언제나 하나님의 말씀의 사역이라는 것이다.

『시대를 사는 그리스도인』(IVP) 중에서

구비시키는 사역

신약에 나오는 목회자의 개념은 모든 사역을 탐욕스럽게 자기 손아귀에 움켜쥐고 평신도들의 모든 주도권을 성공적으로 억누르는 사람이 아니라, 모든 사람이 자신들의 은사를 발견하고 계발하며 발휘하도록 돕고 격려하는 사람이다. 목회자의 가르침과 훈련은, 하나님의 사람이 소외와 고통으로 가득 찬 세상에서 자신의 은사를 따라 활발하지만 겸손하게 섬기는 사람이 되게 하는 데 목적이 있다. 따라서 목회자는 모든 사역을 스스로 독점하는 대신에 사역들을 증식시킨다.

『BST 에베소서 강해』(IVP) 중에서

사역의 책임

그리스도인의 사역의 비결 중 그 사역이 근본적으로 하나님 중심적이어야 한다는 점보다 더 중요한 것은 없다. 복음을 위탁받은 이는 교회나 종교 회의 또는 교회의 지도자들 앞에서가 아니라 우선적으로 하나님 앞에서 책임을 져야 한다. 한편으로 이러한 사실은 우리를 당황하게 한다. 왜냐하면 하나님은 우리의 마음과 그 안에 있는 비밀들을 모두 감찰하시며, 그분의 기준은 매우 높기 때문이다. 다른 한편으로 이것은 우리에게 굉장한 자유를 가져다준다. 왜냐하면 하나님은 어떤 사람이나 교회 법정이나 위원회보다 더 통찰력 있고 공평하며 자비로운 재판관이시기 때문이다. 그분 앞에서 어떤 일에 대해 책임을 진다는 것은 인간의 비판이라는 폭군에게서 해방되는 것이다.

『BST 데살로니가전후서 강해』(IVP) 중에서

사랑과 섬김

사랑과 진리가 서로 조화를 이루고 사랑과 은사들이 서로 조화를 이룬다면, 사랑과 섬김도 서로 조화를 이룬다. 참된 사랑은 언제나 섬김으로 표현되기 때문이다. 사랑하는 것은 섬기는 것이다. 그렇다면 우리는 끊어질 수 없는 고리

혹은 원을 형성하는 삶의 네 가지 측면을 갖게 된다. 그것은 사랑, 진리, 은사 그리고 섬김이다. 사랑은 섬김으로 나타나고, 섬김에는 은사들이 사용되며, 최고의 은사는 진리를 가르치는 것이고, 진리는 사랑으로 말해야 하는 것이기 때문이다. 각각은 나머지 다른 것을 포함하며, 어디에서 시작하든 네 가지 모두가 작용한다. 하지만 "그중에 제일은 사랑이[다]"(고전 13:13).

『성령세례와 충만』(IVP) 중에서

이상의 발췌문 중 대부분은 『진정한 기독교』(IVP)에서 따온 것이다.

옮긴이 김명희는 연세대학교 영어영문학과를 졸업하고, IVP 편집부에서 일했다. 옮긴 책으로는 『영혼을 세우는 관계의 공동체』 『제자도』 『너의 죄를 고백하라』 『영성에의 길』 『리더는 무엇으로 사는가』 『이는 내 사랑하는 자요』 『아담』(이상 IVP) 등 다수가 있다.

리더가 리더에게

초판 발행 2016년 7월 25일
초판 10쇄 2025년 8월 20일

지은이 존 스토트
옮긴이 김명희
펴낸이 정모세

편집 이성민 이혜영 심혜인 설요한 박예찬
디자인 한현아 서린나 | 마케팅 오인표 | 영업·제작 정성운 이은주 조수영
경영지원 이혜선 이은희 | 물류 박세율 정용탁 김대훈

펴낸곳 한국기독학생회출판부 | 등록번호 제2001-000198호(1978.6.1)
주소 04031 서울시 마포구 동교로 156-10
대표 전화 (02) 337-2257 | 팩스 (02) 337-2258
영업 전화 (02) 338-2282 | 팩스 080-915-1515
홈페이지 http://www.ivp.co.kr | 이메일 ivp@ivp.co.kr
ISBN 978-89-328-1457-5

ⓒ 한국기독학생회출판부 2016

책값은 뒤표지에 있습니다.
무단 전재와 복제를 금합니다.